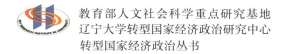

教育部人文社会科学重点研究基地
辽宁大学转型国家经济政治研究中心
转型国家经济政治丛书

入盟与
中东欧国家政治经济
转型

THE MEMBERSHIP OF
EUROPEAN UNION AND THE POLITICAL AND
ECONOMIC TRANSITION OF CENTRAL AND
EASTERN EUROPEAN COUNTRIES

殷 红 等 著

社会科学文献出版社
SOCIAL SCIENCES ACADEMIC PRESS (CHINA)

前　言

  本书是我承担的教育部人文社会科学重点研究基地重大项目"入盟对东欧国家经济政治转型的影响"的最终结稿。该书的写作历时六年，由我及三位硕士研究生共同完成。当然，本书的完成很大程度上是得益于众多学者的前期研究，在此，谨向他们表达我由衷的敬意和谢意，他们是朱晓中老师、孔寒冰老师、孔田平老师、高歌老师及其他所有从事中东欧问题研究的国内外学者。

  我一直从事俄罗斯问题研究，机缘巧合、工作需要，从 2009 年起独立从事及参与中东欧国家转型问题的研究，2013 年与王志远博士合著了《中东欧转型研究》，2012 年参与了程伟老师主编的《中东欧独联体国家转型比较研究》一书的写作，并发表了与此相关的学术论文三篇。实事求是地讲，我始终是中东欧问题研究的门外汉。这一方面是因为我的学术兴趣始终未偏离俄罗斯；另一方面，更重要的是从事中东欧问题研究，于我而言，碍于语言的关系，每每感觉力不从心。基于此，本书的研究大量借鉴了朱晓中等老师的前期研究成果，正所谓是站在了前人的肩膀上，才得以完成本书的写作，说来自己感觉有愧。此外，本书也是我首次采用与学生合作的方式，由于指导她们的硕士论文部分选题与本书内容契合，因此，在经济转型的实证部分，采用了三篇硕士论文的主体框架，但均进行了修改和完善。学生的加入弥补了我在实证研究方面的短板，为本书增添了经济转型的实证分析，从而将中东欧经济转型问题的研究推向深入，很大程度上弥补了以往研究中特别是关于中东欧经济转型方面实证分析的不足。

本书集中分析了加入欧盟对中东欧国家始于 20 世纪 90 年代的转型与发展的影响，尽管这个问题一直被学术界所强调，但鲜有专门及深入的研究，本书力求对此做出补充。本书分为七章，具体内容及作者如下：绪论、第一章、第二章、第三章由殷红完成；第四章由殷红、梁蓓、高祥红完成；第五章由殷红、王增完成；第六章由殷红、曹攀攀完成；第七章由殷红完成。

本书的完成还要感谢我所在的学术团队——辽宁大学转型国家经济政治研究中心、辽宁大学国际关系学院，是这个学术团队的带头人程伟老师及其他研究者孜孜不倦的探索引领我在学术工作上不断攀登，多年来正是在这个学术团队的整体实力与干劲的推动下，我才能笔耕不辍，得以完成一项又一项的研究成果。可以说，我个人的每一点收获都离不开这个学术团队的影响与支持。

也要感谢辽宁大学转型国家经济政治研究中心刘洪钟主任为包括本书在内的"转型国家经济政治丛书"的出版所做的准备工作。最后，要感谢本书的责任编辑王玉山老师，为本书的完整性和顺利出版所付出的辛勤努力。

殷　红

2018 年 2 月

目　录

绪论　入盟是理解中东欧国家
体制转型的独特视角

第一节　本研究的背景和意义

如果从波兰最早签署《欧洲协定》算起，中东欧国家入盟的历史进程至今已有 25 年。虽然签署入盟协议标志着这一进程的正式完成，但是，对于中东欧国家而言，与发达的老欧洲国家实现政治经济乃至社会的全面融合，却是一个相当长的历史过程，其积极与负面影响也应置于更长的历史视角下来观察和研判。

2009 年多数中东欧国家完成了其"回归欧洲"的夙愿，成功地加入了欧盟。正当这些新欧盟成员准备为其转型 20 周年的成就即以加入欧盟为标志的成功体制转型与良好发展而欢呼雀跃之时，国际金融危机爆发了，中东欧国家经济遭受重创，在与欧盟经济融合进程中因经济上过度依赖西欧使其经济缺乏自主性和独立性等一系列入盟的负面效应得以暴露出来，这促使中东欧国家开始现实地反思与欧盟一体化对其国家发展的全面及长期影响，并对其之前的"唯欧盟化"发展模式进行旨在更加多元化的适度调整，可以说，这一时期中东欧国家转型进入了新的历史发展阶段，可以将之概括为"后转型时期"。此时，学术界也开始更加深入、全面地反思入盟对中东欧国家发展的长期影响，并着手相关研究。

之后爆发的欧债危机、欧洲难民危机及英国脱欧事件则更进一步强化了上述中东欧国家从"唯欧盟化"向多元化方向发展的调整趋势。如果说之前是入盟的积极影响为主、负面影响为次的话，那么，这一系列危机爆发之后，入盟对中东欧国家发展的负面影响则更加令人关注。鉴于上述多重危机对中东欧国家产生的重要影响，从中东欧国家后转型阶段发展方向调整的视角出发，更加全面地总结其经济政治转型的进程，特别是加入欧盟对这一历史进程的总体影响，具有非常重要的理论价值和现实意义，它有助于我们从更长的历史视角，更加全面地审视中东欧转型，因而对其进行的评价也会更加客观和理性。

总体看来，在中国、独联体国家以及中东欧国家三个处于不同地区的转型体中，中东欧国家的政治经济转型极具特殊性。首先，它是在发生政治剧变的前提下走上经济政治转型道路的，建立多党合作的民主剧变不仅奠定了中东欧转型的基础，也内在地限定了其经济市场化和政治民主化的方向及制度边界。可以认为，中东欧国家是以西方化为导向的政治民主化和经济市场化的全面转型，这与中国在坚持社会主义道路前提下的社会主义市场经济转型有着根本的不同。其次，与俄罗斯等独联体国家转型相比，尽管同样是西方化、民主化为先导的体制转型，但从民主化与市场化的水平及二者的兼容程度看，这两个转型体之间又有着明显的差异。中东欧国家无论是其经济自由指数还是民主自由指数，以及各种社会指标都更接近于西方的制度标准，因而被视为转型的"优等生"，而俄罗斯等国家却是转型的"差等生"或"民主倒退"国家。

最后，与中国、俄罗斯等转型国家相比，中东欧国家转型道路的特殊意义在于，外部因素，即欧盟在中东欧国家经济政治转型中发挥了极为特殊的作用，入盟或者说"回归欧洲"的目标，自始至终约束和决定着中东欧国家转型的进程及其进程中的经济政治发展。入盟既是中东欧国家政治经济转型的方向标，同时，也是中东欧国家民众对转型危机采取忍耐和前行的约束所在。因为有了入盟的要求，来自欧洲的强制和标准就对中东欧国家的政治经济转型产生了强大的约束力及推动力。这一影响还体现在中东欧国家为争先入盟所做的种种努力。当然，也正是因为即将成为欧盟新成员的身份，中东欧国家获得了来自欧洲的重要支持和援助，不仅是制度设计、技术和专家支持，更重要的是资金投入及物质援助等实际支持。而且，融入欧洲经济政治一体化的确定性前景也为中东欧国家得到美国及其他西方国家的政治和经济支持提供了条件。可见，入盟是影响和决定中东欧国家政治经济转型最为关键的因素。也主要是这一因素，决定了中东欧国家转型与其他国家转型的不同特征。从入盟视角分析中东欧国家的经济政治转型，可以说是抓住了中东欧转型问题研究的关键。

研究入盟对中东欧国家政治经济转型的影响，至少在以下四个方面体现出其学术价值及现实意义。

首先，以入盟的视角观察中东欧国家转型是切中要害，它既能实质性地解释中东欧国家转型的发展进程，也能客观地揭示中东欧国家转型与发展的成就与问题；同时，它也是研判中东欧国家未来发展趋势的有力渠道。其次，原苏东国家与中国走出了两条不同的转型道路，对两种模式进行比较和评价，是转型研究所无法回避的问题。转型 25 年后，特别是在多重危机的背景下进行这一比较研究更加迫切需要，它使我们有可能从更长的历史视角来审视和评价这一历史进程，其结论也会更加客观和公正。再次，本研究的学术价值和现实意义在于，中东欧国家的体制转型至今已 25 年，距离第一批中东欧国家加入欧盟已经过了 14 年之久，那么，入盟究竟对中东欧国家的体制转型与发展产生了怎样的影响？对此，现有研究多是对单个问题、局部问题的研究，而系统、全面的研究则显得不足，特别是针对中东欧国家经济转型的诸多具体问题的研究更加不足，本研究是对中东欧国家经济转型研究的补充。最后，对于体制转型国家来说，如何在国内制度转型过程中积极融入地区及世界经济一体化并将二者协调并进，是考量一国发展实力的重要方面，中东欧国家融入欧盟经济政治一体化的具体实践，或多或少可为中国的改革深化与继续开放提供一些启示与借鉴。

第二节　中东欧国家体制转型研究的总结与评价

自 20 世纪 80 年代末发生"苏东剧变"后，中东欧国家的政治经济体制转型便成为世界各国学者研究的重点之一，相关研究成果层出不穷。其中，西方学者的研究成果偏多，诸如把中东欧的民主化转型与早些的南欧及拉美国家的民主化运动相比较的研究、将政治民主化与经济市场化相联系等的研究成果脱颖而出，为中东欧国家转型问题的研究奠定了重要基础。此外，通过中东欧的转型实践进一步论证经济发展与政治民主的关系，也是上述研究的重要主题。俄罗斯自 20 世纪 80 年代末 90 年代初开始与中东欧国家渐行渐远，这些国家因为历史宿怨与俄罗斯的关系并不友好，存在明显的去苏联化、去俄罗斯化的民族情绪，这在某种程度上影响了俄国学者对中东欧转型的关注和研究。中国学术界对中东欧转型的研究，无论是从数量上还是从深度和广度上看，都显得相对不足，但是，这并不妨碍这一研究领域诸多优秀成果的问世。

国际金融危机之后，中东欧国家发展进入了新的阶段，其特征之一是这些国家在发展方向上做出一些调整，其主要原因是国际金融危机后欧盟区域内的经济形势不断恶化，而以中国为代表的亚太国家经济呈现的良好增长趋势，促使中东欧国家加强了与中国等欧盟域外国家的联系与合作。2012 年中国与中东欧国家建立了"16 + 1"合作机制，就是这一世界经济发展趋势的重要体现。中国政府提出"一带一路"倡议后，中国与中东欧国家经济政治往来不断加深，中东欧问题研究的重要性更加凸显，有关中东欧转型与发展及中国与中东欧合作等相关研究明显增多。在当前背景下，深入、全面了解中东欧转型进程中的诸多问题，并对其未来发展做出研判，具有重要的现实意义。可以说，准确地对中东欧国家未来发展道路做出前瞻性分析的重要依据，是掌握其在摆脱苏联、加入欧盟一体化（欧洲一体化）进程中的诸多问题，特别是入盟对中东欧国家经济政治发展所产生的方方面面的影响，因此本研究的重要性凸显。

1. 有关中东欧转型的综合研究

伴随着中东欧国家的政治和经济转型，相关研究层出不穷。这些研究是本研究不可或缺的基础，需要对之进行梳理和总结。

首先是关于中东欧国家选择"回归欧洲"、加入欧盟的历史与现实原因的分析。朱晓中教授较早也最为全面和系统地分析了中东欧国家提出"回归欧洲"任务目标的原因，这既包括文明及其认同的内在根源，也包括经济发展的现实需要，同时也离不开国际因素的影响。他指出，中东欧国家之所以选择"回归欧洲"的道路，一方面，是这些国家的历史和文化特性使然，是由这些国家的文明属性决定的；另一方面，在中东欧国家看来，"欧共体/欧盟是经济繁荣的经济联合体。它们希望通过加入这一共同体来实现其经济现代化的理想。同时，中东欧国家正在进行的经济转轨也需要国际社会，特别是欧洲联盟的援助。如果加入欧洲联盟，这种援助将从'外援'转为'内援'，而且援助的数额和领域都将扩大。中东欧国家将因此获得巨大的经济利益，能够更快地推动经济转轨和缩小同西欧经济水平的差距，这便是中东欧国家迫切要求加入欧盟的经济动因"。[①] 此外，摆脱苏联模式和苏联控制、确保转型顺利进行、获得安全保障、提高国际地位等也是中东欧国家选择加入欧盟的现

---

① 朱晓中：《中东欧与欧盟一体化》，社会科学文献出版社，2002，第3～33页。

实需要。[1]

对于中东欧国家之所以能够走上"脱俄返欧"的道路，学者们也从大国关系与政策的角度进行了分析。俄罗斯学者康德尔（П. Е. Кандель）提出，正是苏联的立场改变了东欧局势，促使共产党和反对党的力量对比出现扭转，苏联的不干预政策不是东欧剧变的间接原因，而是影响变革速度和性质的最直接原因。[2] 涅仁斯基（Л. Н. Нежинский）分析了东欧剧变过程中苏联的影响与这些国家的内部因素哪个更重要，他认为，东欧剧变不仅有来自苏联的外部因素的影响，更离不开这些国家客观存在的内部动力和因素。[3] 卡拉－穆尔扎（Кара-Мурза）论证了东欧剧变这一"天鹅绒革命"的目的是要改变上层建筑，而不是经济基础。他的调查显示，多数东欧民众对政治剧变前的生活是满意的，东欧国家不仅成为工业化国家，而且实现了城市化，所以，即使是生活水平最接近西方的捷克也没有希望走上资本主义道路。革命之所以发生，是因为东欧人希望现实能接近社会主义的理想——人的社会主义。[4] 中国学者金雁从东欧国家走上社会主义道路的特殊性、曾经有过的政治经济变革，如匈牙利事件、布拉格之春等，剖析了1989年东欧剧变之所以发生的历史逻辑。[5]

来自俄罗斯特威尔国立大学的学者们认为，中东欧国家20世纪90年代的国内发展与对外政策源于一系列因素。共产主义制度

[1] 朱晓中：《欧洲的分与合：中东欧与欧洲一体化》，中国社会科学出版社，2017，第110~127页。
[2] П. Е. Кандель. Революции 1989 года в странах Центральной и Юго-Восточной Европы. Взгляд через десятилетие. *Новая и новейшая история* (005).
[3] Л. Н. Нежинский, Что важнее-советское влияние или внутренние процессы в Восточной Европе? Советский Союз и страны Восточной Европы: эволбция к капитализму?
[4] Кара-Мурза, С, Г, Революции на экспорт, глава 8 «Бархатные революции в странах Восточной Европы в 1989 г», Издательство Алгоритм, 2006.
[5] 金雁、秦晖：《十年沧桑：东欧诸国的经济社会转轨与思想变迁》，上海三联书店，2004。

在这些国家的建立具有人为性，因此，当苏联社会主义阵营内的对抗减弱及苏联放弃勃列日涅夫主义后，结果不仅是共产主义在这些国家的迅速衰落，而且也必然导致这些国家以相对和平的方式放弃了共产主义的道路，前共产主义工人党则向社会－民主党发生转变。20 世纪 90 年代初，中东欧国家在经历了短暂的争论后便就国内及地缘政治的基本目标达成了广泛社会共识，其实质就是确定了中东欧国家与欧洲重新一体化的道路，即加入欧洲委员会、欧洲联盟、西欧联盟（Западноевропейский Союз）及北约。而政权更迭的左翼和右翼政党的不同则主要是实现上述目标的手段及方法而已。①

随着中东欧转型进程的发展，对之进行总结和评价并进行国际比较的相关研究不断呈现。丹麦学者奥勒·诺格德（Ole Norgard）无疑是经济与政治转型互动研究的集大成者。他对 20 个苏东国家的经济和政治转型做了比较分析。比较的内容主要是这些国家转型进程中的外生性结构变量，包括外部环境在内的初始条件以及经济制度的改革战略。这一比较的目的主要是更好地理解民主化与经济制度变革之间的关系，以此说明，为什么有些国家能够建立兼具经济发展、福利增长与民主巩固的经济制度，而有些国家却不能。通过研究，诺格德教授得出了这样的结论：只有当相应的政治基础存在时，激进的经济改革模式才是可取的。如果经济成本太高而不能在民主框架内被接受，缓慢而渐进的改革模式则更为可行，半途而废的制度改革在短期内造成的社会成本则甚于根本不改革。因此，任何经济制度改革战略必须考虑所处的政治环境。此外，他还强调指出，应当理解各国独一无二的特征，试图机械地照搬他国成功经

---

① А. В. Торкунов（председатель），М. В. Ильин，Ю. М. Колосов，Н. Н. Ливенцев，А. Ю. Мельвиль，А. К. Сорокин，И. Г. Тюлин，О. Г. Ульциферов. Современные международные отношения. Учебник/Под. ред. А. В. Торкунова. —М.：《Российская политическая энциклопедия》（РОССПЭН），1999. —584с.

验的做法，必然会带来大量的社会问题和经济问题。①

　　美籍波兰人亚当·普沃斯基（Adam Przeworski）以拉丁美洲为参照分析了东欧国家的政治民主与经济发展之间的关系，实际上是结合拉丁美洲民主化进程的经验来分析东欧剧变后建立的民主制度的前途，讨论的是向民主过渡的策略和条件，强调政治与经济转型的相互依赖性，其研究的基调是对东欧建立的民主制度是否有效和能否稳定地存在下去表示怀疑和不安。②

　　匈牙利学者贝拉·格雷什科维奇（Bela Greskovits）同样是以发生在拉丁美洲的经济自由化与政治民主化浪潮为参照，有选择性地分析了中东欧国家在经济与政治转型中的不同选择，即没有出现拉丁美洲国家的"抗议"或"倒退"，而是在遭遇转型危机时选择了忍耐。他在研究中提出了"三位一体"分析转型绩效的视角及方法，这就是经济效能上的有效性、行政管理上的可行性以及政治实践上的可欲性。他运用提出的新视角试图回答以下问题，新自由主义为何在东欧取得胜利？为何东欧没有出现地区性的威权或者民粹转向？经济危机以何种方式影响这些国家的政治局势？以及这些国家的民主体制为何在危机情况下得以巩固等。值得特别指出的是，格雷什科维奇反驳了之前普沃斯基提出的"东欧国家与南美洲国家在转型问题上没有重大差别"这一观点，他认为，"直接以第三世界国家或者拉丁美洲国家作类比将会是一个错误。"③

　　法国学者弗朗索瓦·巴富瓦尔分析了东欧国家在回归欧洲、融入全球化过程中的得与失。他认为，在对外开放、吸引外资和技术方面得到好处的同时，这些国家也丧失了部分经济主权。他还特别分析了中东欧国家即新欧洲国家与美国和欧洲的关系：新欧洲国家

① 〔丹〕奥勒·诺格德：《经济制度与民主改革》，孙友晋译，上海世纪出版集团，2007。
② 〔波〕亚当·普沃斯基：《民主与市场：东欧与拉丁美洲的政治经济改革》，包雅钧、刘忠瑞译，北京大学出版社，2005。
③ 〔匈〕贝拉·格雷什科维奇：《抗议与忍耐的政治经济分析》，张大军译，广西师范大学出版社，2009。

把安全保障交给美国，普遍地赞同英、美型的新自由主义意识形态，即主张没有政治约束的大市场。这与法、德所代表的突出政治和社会制约的欧洲经济治理模式背道而驰。新欧洲与欧盟的统一只属于经济发展的层面，而绝不属于政治层面。① 美国学者爱奥尼斯·克齐威利第斯（Ioannis Kyvelidis）认为，东欧与原苏联国家在西方化的过程中因其与欧洲的"同构"的差异，导致其转型的不同结果，而导致同构程度不同的主要是地理距离、历史、文化方面的差距。

波兰著名经济学家、波兰市场化转型的总设计师格泽戈尔兹·W. 科勒德克（Grzegorz W. Kolodko）对中东欧和独联体各国的转轨实践进行了政治经济学分析，同时也将它们与中国和越南的市场化改革做了比较。他在研究中就转轨的动因、转轨的目标、转轨的绩效、转轨的前景等诸多重要问题做了较为系统、深入的分析，同时也就市场化与民主化、经济转型与加入全球化等有关转型的一般性问题做出了深刻的论断。② 美国学者斯蒂芬·海哥德（Stephan Harggard）和罗伯特·R. 考夫曼（Robert R. Kaufman）分析了中东欧民主化转型的政治经济学，即东欧国家在建立民主制度及民主制度巩固的过程中如何受到经济条件和因素的影响。他试图通过研究说明，将经济分析和政治分析完全分离开来的做法是错误的，经济条件及政策和政治制度的特性一起影响民主化的前景。③ 此外，中国学者高歌指出，中东欧国家的政治转轨与经济转轨同时进行，这种双重转轨使得两个进程之间形成了错综复杂的关系，一方面，经济转轨的沉重代价不利于政治转轨的顺利进行；另一方面，随着双

---

① 〔法〕弗朗索瓦·巴富瓦尔：《从"休克"到"重建"——东欧的社会转型与全球化—欧洲化》，陆象淦译，社会科学文献出版社，2010。
② 〔波〕格泽戈尔兹·W. 科勒德克：《从休克到治疗——后社会主义转轨的政治经济》，刘晓勇、应春子等译，上海远东出版社，2000。
③ 〔美〕斯迪芬·海哥德、罗伯特·R. 考夫曼：《民主化转型的政治经济学分析》，张大军译，社会科学文献出版社，2008。

重转轨的推进，经济和政治转轨产生了相互促进的关系。① 奥地利学者迪特尔·赛格尔特（Dieter Segert）分析了中东欧国家政治经济同步转轨产生的困境。②

美国学者安德斯·阿斯伦特（Anders Aslund）分析了中东欧、俄罗斯及中亚国家的市场化转型，分析了苏东国家资本主义建立的过程及结果，这也是关于苏东转型较为系统的比较研究，同时也关注了这些国家的民主建设的问题。他认为，苏东 21 个国家中，除了白俄罗斯、土库曼斯坦和乌兹别克斯坦之外的市场化转型都是成功的。但是，苏东国家的民主化转型却不那么成功，只有其中不到一半的国家，即那些跻身欧盟成员国的国家才得以成功地建立了民主。③ 俄罗斯国立高等经济大学教授库德罗夫 B. M. Кудров 总结了中东欧转型 10 年的各项经济指标，包括经济增长、通货膨胀、失业率、外贸、外国投资和制度改革，他认为，与俄罗斯甚至是与波罗的海国家相比，中东欧的多数国家都取得了令人瞩目的成绩，其民众的大多数也都积极支持所进行的转型进程。匈牙利与波兰在转型初期尽管因"休克疗法"出现分歧，但其转型进程是殊途同归。而且，不管中东欧各国处于怎样的转型阶段上，它们都坚决地与集中计划经济决裂。此外，中东欧国家在转型进程中始终保持着与西方紧密的联系，其政策中也秉持了欧洲社会民主的原则及价值，大多数国家已经走出了历史的死胡同并走上了经济和社会发展的道路。④

---

① 高歌：《东欧国家经济转轨与政治转轨的关系》，《东欧中亚研究》2001 年第 4 期。
② 〔奥地利〕迪特尔·塞格尔特：《中东欧国家政治经济同步转轨的困境》，《当代世界与社会主义》2009 年第 1 期。
③ Anders Åslund. How Capitalism Was Built. The Transformation of Central and Eastern Europe, Russia, and Central Asia. - Cambridge University Press, 2007. - Ch. 6. Privatization: the establishment of private property rights; A. Aslund. How Capitalism Was Built. The Transformation of Central and Eastern Europe, Russia, and Central Asia. - Cambridge University Press, 2007. - Ch. 4. Liberalization: thecreationofamarketeconomy.
④ Кудров, B, M, Опыт зарубежной модернизации. Центральная и Восточная Европа: десять лет перемен, Общественная наука и современность, № 1, 2001.

2006 年，库德罗夫 В. М. Кудров 再次以一个更长的历史视角对中东欧转型的经验，特别是对俄罗斯的借鉴意义做了深入分析。他指出，中东欧转型依赖于不断建立、巩固和扩大的法治基础，依赖于对发达资本主义国家的经验的积极利用，依赖于外资和知识的引进。此外，中东欧转型得到了公众的广泛支持，这些国家的民众对民主和市场的认同，并没有因人为的社会主义制度而受到像苏联那样的改变和破坏。此外，他还指出了中东欧转型中"回归欧洲"的目标明确、从未有过第三条道路等因素对其转型成功的影响。但是，他也指出了中东欧转型后的发展困境，即与西欧相比，中东欧仍然是相对贫困的地区，即使是其中生活水平最高的东德，在两德统一后，其生活水平与西德也相差了 3 倍，此外，中东欧国家还面临着贸易逆差加剧、金融资产受制于外国资本等发展问题。[1]

国际金融危机爆发后，中东欧国家因经济受到沉重打击，其转型与发展再次成为学术界关注的焦点，学术界开始对中东欧转型的成功有了更深刻的反思。朱晓中教授总结了中东欧国家加入欧盟后所遭遇的多重发展困境，具体表现为认同困境，即中东欧国家在欧盟中的定位；政治发展困境，即民粹主义兴起和"向右转"政治思潮；双边关系困境，即少数民族问题和边界之争的出现；增长模式困境，即经济增长模式的转变问题，以及新的安全威胁和面临的欧洲与大西洋之间关系的地缘政治两难困境。他还指出，政治思潮、双边关系和经济增长困境的消极性和危害已经凸显，其他困境的潜在消极性亦不时显现。[2] 此后，朱晓中教授又以中东欧转型 20 年为背景，回答了中东欧转型的历史原因、转型的类型、受到的内外部约束，以及转型后的地缘政治特性等九个有

① Кудров，В. М.，Рыночная трансформация в странах центрально-восточной Европы：к оценке накопленного опыта. *Общество и экономика*，№ 5，2006.

② 朱晓中：《入盟后中东欧国家的发展困境》，《国际政治研究》2010 年第 4 期。

关中东欧转型的问题。① 可以说，这是国际金融危机爆发后对中东欧国家转型进程中的问题所做出的较为系统、全面的总结。孔田平教授则全面分析了国际金融危机对中东欧国家经济产生的影响，并认为，中东欧国家的危机处在可控范围之内，并不会发生所谓的经济"崩溃"，也不会诱发新一轮的金融危机；但同时也指出了中东欧经济中存在的脆弱性、抗风险能力弱的问题。②

2. 中东欧国家体制转型的影响因素研究

丹麦学者奥勒·诺格德（Ole Norgard）重点分析了中东欧国家经济市场化和政治民主化两个转型进程间相互影响、相互制约甚至互为因果的关系。在具体分析经济和政治体制转型发展时，他强调了转型的初始条件与转型的约束条件的不同影响，从而为后续研究提供一个全视角的、可以借鉴和采用的分析框架。其中，加入欧盟作为中东欧国家体制转型中的约束条件，他重点强调了地理位置毗邻市场国家对转型进程的重要性。③ 亚当·普沃斯基（Adam Przeworski）同样强调了"地理因素"对中东欧国家体制转型产生的推动及影响。他指出，东欧人观念中"只有一个欧洲"，并视己为传统欧洲的一部分，体制转型是他们在欧洲民族大家庭中寻找合适地位的过程，而民主制度是寻求成为这个共同体之成员的必备条件。④ 匈牙利学者贝拉·格雷什科维奇（Bela Greskovits）以拉丁美洲国家的民主化转型作为参照，运用比较政治经济的方法分析了中东欧国家在经济与政治转型中的不同选择，并重点分析了导致二者民主化转型不同结果的原因。其中，他强调了外国的援助与"顾

---

① 朱晓中：《转型九问——写在中东欧转型 20 年之际》，《俄罗斯中亚东欧研究》2009 年第 6 期。
② 孔田平：《国际金融危机背景下对中东欧经济转轨问题的再思考》，《国际政治研究》（季刊）2010 年第 4 期；孔田平：《试论国际金融危机对中东欧国家的影响》，《俄罗斯中亚东欧研究》2009 年第 4 期。
③ 〔丹〕奥勒·诺格德：《经济制度与民主改革》，孙友晋译，上海世纪出版集团，2007。
④ 〔美〕亚当·普沃斯基：《民主与政治——东欧与拉丁美洲的政治经济改革》（译者前言），包雅钧、刘忠瑞、胡元梓译，北京大学出版社，2005，第 154 页。

问"在债务管理与国际金融和资本市场的联系以及自由化方面发挥了重要的作用。此外,他也分析了体制转型之前的经济改革以及发展水平的影响。① 波兰著名经济学家、波兰市场化转型的总设计师格泽戈尔兹·W. 科勒德克（Grzegorz W. Kolodko）认为,从转轨的最终结果及对其发展的意义来讲,地缘政治因素即便不被看成是决定性的,也应当说是非常重要的。② 其精辟的观点为后续研究提供了可贵的启示。比利时学者热若尔·罗兰也指出,正是地缘政治因素"可能足够解释为什么中东欧国家没有遭遇俄罗斯及原苏联国家面临的政府崩溃、无政府状态,普遍的犯罪活动,内部和外部两套政府。执法能力和保护产权看来是解释为什么中东欧从产量下降中恢复而俄罗斯和其他没有加入欧盟的国家的产量继续下降的首要影响因素"。③ 可见,地缘政治经济因素正是影响中东欧国家转型进程与结果及其与其他转型国家所不同的最重要因素,而这其中,入盟的目标与来自欧盟的影响理应是核心因素。

3. 入盟对中东欧国家转型与发展的影响研究

那么,加入欧盟对中东欧国家转型究竟产生了怎样的影响呢?亚当·普沃斯基指出,中东欧国家的政治精英以及民众都将回归欧洲、加入欧洲政治经济体系视为努力的目标和动力,即"'民主、市场、欧洲',就是他们前进的旗帜与方向"。④

姜琍以斯洛伐克为例分析了欧盟的"条件性"对中东欧国家政治转型的影响,指出,由于存在转型任务的多重性和艰巨性、严重的社会分化和剧烈的种族冲突等方面的问题,其转型进程较为曲

---

① 〔匈〕贝拉·格雷什什科维奇:《抗议与忍耐的政治经济分析》,张大军译,广西师范大学出版社,2009。

② 〔波〕格泽戈尔兹·W. 科勒德克:《从休克到治疗——后社会主义转轨的政治经济》,刘晓勇、应春子等译,上海远东出版社,2000。

③ 〔比利时〕热若尔·罗兰:《转型与经济学》,张帆译,北京大学出版社,2002。

④ 〔美〕亚当·普沃斯基:《民主与政治——东欧与拉丁美洲的政治经济改革》（译者前言）,包雅钧、刘忠瑞、胡元梓译,北京大学出版社,2005,第154页。

折，因而欧盟的"条件性"对它的影响也就更为突出。从确保中东欧地区以及全欧洲的民主与稳定出发，欧盟首次为东扩制定了政治标准并严格实施。可见，欧盟的"条件性"对中东欧国家的转型方向和速度产生了极其重要的影响。同时她也强调了中东欧国家自身在政治民主化改革中的努力，"外因需要通过内因发挥作用。只有在斯洛伐克政治精英和民众期望欧盟及其加入欧盟的条件性影响国内政治发展时，它们才能发挥明显的引导和约束作用"。[①] 鞠豪、方雷分析了中东欧国家在"欧洲化"进程中政党政治变迁、政治社会化的发展历程，指出欧盟因素的介入使中东欧各国的政治经济和社会生活发生了许多重要变化，出现了"欧洲化"现象，中东欧国家政党也不可避免地受到了"欧洲化"进程的影响。作为一种超越国家层面的政治社会化过程，"欧洲化"促使中东欧国家的政党做出调整和改变，以适应新的定位和功能。同时，"欧洲化"进程也给中东欧国家的政党政治带来了巨大的困难和挑战，例如民粹主义的兴起[②]。张春华详细分析了欧盟的共同就业政策对中东欧国家就业及生产的影响，[③] 在此基础上，宋耀围绕着欧盟政策中的共同就业及劳工政策、共同环境保护政策和共同农业政策三个角度探讨了欧盟东扩对中东欧国家可能产生的负面影响。[④]

俄罗斯学者库德罗夫 Кудров，В. М 也强调了欧盟因素对中东欧转型的推动作用，指出中东欧国家从西方国家特别是从欧盟那里获得了比原苏联国家更多的有利条件和帮助，如削减外债、增加投资等，所有这一切都有助于中东欧国家克服转型中的生产衰退，并

---

① 姜琍：《欧盟的条件性对中东欧国家政治转型的影响——以斯洛伐克为例》，《国外理论动态》2014 年第 7 期。

② 鞠豪、方雷：《"欧洲化"进程与中东欧国家的政党政治变迁》，《欧洲研究》2011 年第4 期。

③ 张春华：《欧洲一体化与欧盟的经济社会政策》，商务印书馆，2001，第 195～196 页。

④ 宋耀：《欧盟东扩对中东欧国家的负面影响分析》，《俄罗斯中亚东欧研究》2005 年第 1期。

使这些国家看到了其欧洲地位的巩固、居民生活水平有望达到西欧国家平均水平的美好远景。① 卡齐米耶日·波兹南斯基分析了与欧盟乃至世界经济一体化背景下中东欧国家在私有化的过程中将国有资产廉价出售给外国人，使得国家经济主权被剥夺的问题；分析了中东欧国家国有银行的私有化过程及存在的问题。② 庄起善教授在分析中东欧国家遭受国际金融危机沉重打击的原因时指出，"中东欧国家经济增长预期骤降、资本大量流出、汇率波动剧烈、金融银行业岌岌可危，在转型 20 年后再次成为世界关注的焦点。市场经济体制基本形成前后中东欧洲国家金融银行业积累了诸多不稳定因素，经济增长模式存在内在缺陷，外部的经济金融波动对这些国家造成巨大冲击，使得这些国家金融体系极为脆弱，成为金融危机的重灾区"，以此强调了中东欧国家在与欧盟一体化进程中形成的发展模式的弊端。③

第三节　本书的视角、特色与结构安排

　　中东欧国家的体制转型一直备受中国学者关注，相关研究持续且常有优秀成果问世。特别是中国社会科学院的朱晓中、孔田平、高歌等学者始终站在国内中东欧问题研究的前沿，他们的研究成果为后续研究奠定了坚实而不可或缺的基础。北京大学的孔寒冰教授、沈志华先生的历史研究也成为我国研究东欧问题的重要史料。本研究虽然企盼学术创新，但正所谓"踩在巨人的肩膀上"，无论是资料还是思想，都离不开上述学者的辛勤耕耘，很大程度上是受

---

① Кудров，В，М，Опыт зарубежной модернизации．Центральная и Восточная Европа：десять лет перемен，*Общественная наука и современность*，№ 1，2001．

② 〔美〕卡齐米耶日·波兹南斯基：《全球化的负面影响——东欧国家的民族资本被剥夺》，佟宪国译，经济管理出版社，2004．

③ 庄起善、吴玮丽：《为什么中东欧国家是全球金融危机的重灾区?》，《国际经济评论》2010 年第 2 期。

了上述学者的启发与其研究的帮助，本研究也大量借鉴了他们的前期研究成果。

尽管如此，前人研究仍留有一定的空间。首先，伴随着中东欧转型进程的学术研究是连续的，有关成果颇丰，但从目前掌握的资料看，对其进行全面回顾和分析的研究还不多见，这一研究仍在探索和进行当中。其次，加入欧盟是中东欧国家体制转型中最具有特殊意义的约束条件，那么，入盟究竟对中东欧国家转型产生哪些具体的影响？总结现有研究不难发现，有关中东欧转型的政治问题的研究相对较多，而有关入盟进程中中东欧国家经济发展问题的研究并不多见。经济持续增长是政治合法性的最终体现，中东欧国家的民主化、西方化发展取向对其经济增长与社会繁荣实际上产生了怎样的推动，中东欧国家的经济增长与经济结构等发生了怎样的改变，这些都是现有研究中明显不足的方面。对上述问题的回答有助于我们深入了解作为新兴市场经济国家，在体制转型与融入地区和世界经济一体化进程中的相互作用机制以及政策选择。为此，本书拟在以下两个方面取得突破：其一，围绕加入欧盟对中东欧国家经济和政治体制转型的宏观影响进行全面梳理；其二，针对入盟对中东欧国家经济转型与发展的影响进行较为具体、深入的分析，以此加深我们对中东欧转型成果的更加全面的分析，也以此为中东欧国家未来发展趋势的前瞻性判断提供依据。

在研究中，本书主要采用规范性研究与实证性研究相结合的方法，以历史研究为主要手段，同时，必要之处引进政治经济学和比较制度研究的方法。

全书的结构安排如下：

绪论：介绍本书选题的背景和意义，在对已有研究进行梳理和总结之后，提出本研究的特点以及基本框架。第一章：入盟是中东欧国家政治经济转型的核心特征。本章首先明确入盟是中东欧国家发生政治剧变后选择"回归欧洲"的发展方向的落脚点，从而为加入欧盟的政治经济一体化与政治经济体制转型两个进程的统一找到了逻辑的内在契合。之后，在分析了中东欧国家比其他转型国家所具有的三个特征的基础上，指出入盟是中东欧国家体制转型进程中核心的、独有的特征。本章最后概括分析了中东欧国家入盟目标的成因，它包括了历史的、文化的、国内的、国际的等多重原因。

第二章：入盟对中东欧国家政治转型的约束及推动。本章着重分析入盟是如何对中东欧国家的政治民主化转型产生影响的，这首先体现在西欧先进国家的民主模式成为中东欧国家政治体制转型的方向及参照样本，这就使得中东欧政治转型有的放矢，并且也因此减弱了政治民主化转型过程中可能遭遇的各种政治阻碍。其次，来自欧盟的标准和限定为中东欧国家的政治民主化转型提供了框架及有限的政策选项，从而降低了其转型过程中的不确定性。最后，入盟的既定目标对中东欧国家的民主化政治转型产生了巨大的推动力，这一方面体现在入盟愿景对中东欧政治转型的内在推动，同时也体现在来自老欧洲国家的援助及支持。

第三章：入盟对中东欧国家经济转型的影响，本章与第四章是分析入盟对中东欧国家经济转型的影响，其中第三章是宏观性分析，包括三个内容：第一是入盟为中东欧国家的经济体制转型提供了可参照的目标模式，市场经济的模式是多样的，由于加入欧盟的目标明确，加之欧盟的制度标准的限定，很大程度上典型的西方民主与市场经济的制度条件就成为中东欧国家转型的必要内容，尽管在其转型与发展进程中，依据各国不同的经济社会条件，所形成的政治和经济发展体系有所不同，但其根本是一致的，即以多党政治为核心的宪政民主与市场经济。第二是入盟目标对经济转型的方式及速度的制约，中东欧国家入盟目标明确，尽早加入欧盟不仅是体制转轨完成的标志，同时也是这些国家融入欧洲一体化及世界经济政治体系，进而成为一个正常国家的体现，更是其摆脱落后制度、走向民主和繁荣的重要体现，因此，中东欧国家转型的进程表现出的是这些国家在建立民主和市场中的你追我赶。第三是入盟对中东欧国家经济转型的进程及结果的影响。

第四章至第六章为入盟对中东欧国家经济转型与发展影响的实证分析，具体为：

第四章：入盟对中东欧国家经济增长的影响。首先，描述性介绍中东欧国家与欧盟的一体化程度及分类；其次，测量中东欧国家与欧盟经济一体化的指数（INT）；最后，实证分析中东欧国家与欧盟不同的一体化水平（INT 指数）与其经济增长的关联性，以此判断与欧盟经济一体化对中东欧国家经济增长的影响。

第五章：入盟对中东欧国家产业结构的影响。首先，介绍中东欧国家转型前的产业结构；其次，对入盟进程中中东欧国家产业结构发生的演变进行描述性的分析；最后，分析入盟对中东欧国家产业结构演变的影响及其他因素的作用。

第六章：结构基金及其对中东欧国家经济转型的影响。结构基金作为欧盟给予中东欧国家的经济支持，其影响至关重要，本课题对中东欧国家经济转型与发展中结构基金的作用进行了深入分析。首先，介绍欧盟区域发展政策中的结构基金；其次，介绍结构基金发展历程；再次，分析中东欧国家入盟过程中接受的结构基金情况；最后，重点分析中东欧国家结构基金的吸收情况。

第七章：后转型阶段中东欧国家发展新动向。首先，对中东欧国家经济转型阶段即后转型阶段进行理论梳理，在此基础上，总结欧盟一体化进程中发生的一系列经济政治危机及其影响；其次，分析在此背景下中东欧国家在发展方向上所做出的调整，特别是加强与中国合作的新动向。

第一章　入盟是中东欧国家政治经济转型的核心特征

第一节　入盟："回归欧洲"的落脚点与现实考量

1. "回归欧洲"的政治决定

始于 1989 年的东欧剧变扭转了中东欧国家的历史发展进程。可以说，东欧剧变是中东欧国家启动"回归欧洲"的始端。中东欧国家在不到一年的时间里，相继推翻了共产党执掌的政权，仿效西欧开始建立宪政民主的政治制度及市场经济，由此走上了脱离苏联主导的东方社会主义阵营、以加入欧洲政治经济一体化为核心的"回归欧洲"进程。

掀起这场举世震惊且对世界历史发展有重大影响事件的，即东欧剧变中第一块倒下的"多米诺骨牌"，正是始终走在中东欧改革前沿的波兰。1989 年 2 月 6 日，被称为波兰历史上第一次政治协商会议的圆桌会议在波兰首都华沙举行，来自波兰统一工人党、波兰统一农民党、波兰民主党以及宗教等社会团体的代表、群众组织和团结工会的代表共 57 名参加了此次会议。会议的主要议题是工会多元化、政治体制改革、经济和社会政策、结社以及地方自治等国家面临的重大问题。最终，团结工会在承诺不成立政党的条件下取得了合法地位，并依照议会民主和三权分立的原则建立了两院制的宪政体制。至这一年的年底，波兰议会通过宪法修正案，国家更名为波兰共和国，修改了国徽，取消了宪法中有关波兰为社会主义国家和波兰统一工人党是政治领导力量的条款，这意味着波兰的国家政治性质发生了实质性改变，从二战后建立的社会主义走向了西方资本主义。

在波兰政局变化的冲击与影响下，匈牙利、捷克斯洛伐克等其他中东欧国家也相继发生了政治剧变，其完成剧变的速度要比波兰还快，手段也更加激进，但除了罗马尼亚发生了流血事件之外，其他国家都实现了和平过渡。中东欧 8 个国家在不到一年的时间里全部改变了其政治社会制度，放弃了社会主义道路，转向建立宪政民主的西方发展模式。在此过程中，这些国家也经历了合并与分裂的历史命运，由原来的 8 个国家变成了 13 个国家，它们是波兰、匈牙利、捷克、斯洛伐克、斯洛文尼亚、克罗地亚、波黑、塞尔维亚、马其顿、黑山、罗马尼亚、保加利亚、阿尔巴尼亚。

随着中东欧国家放弃苏联模式的社会主义制度，特别是这些国家内亲西方的党派夺取了政权，它们的对外政策发生了重大改变，主要表现在两个方面：一是退出华沙条约组织；二是退出经互会。成立于 1955 年的华沙条约组织（华约）作为与北大西洋公约组织（北约）相对抗的政治军事组织，在 1989 年已经名存实亡，政治剧变的实质是这些国家改变了政治体制，已经彻底放弃了社会主义政治制度和马克思主义的意识形态，而这两个方面恰恰是华约组织赖以存在的前提和基础。因此，当中东欧国家放弃苏联模式的社会主义道路的时候，华沙条约的解散就是必然的结果。

华约的解散象征着以苏联为首的苏东社会主义阵营瓦解，从此，苏联对中东欧国家的军事政治控制及约束不复存在。而苏东社会主义阵营的另一重要经济一体化组织——经互会，也不可避免地走向了终结。1991 年 1 月 5 日，经互会内部贸易中止；6 月 28 日，经互会成员国在布达佩斯召开了其最后一次会议，9 个成员国的代表签署了经互会解散协定书。90 天后，经互会正式宣告解散。经互会的解散，意味着中东欧国家在经济上与苏联的紧密联系瓦解，也是这些国家在经济上摆脱苏联控制的重要体现，在当时是中东欧国家获得经济乃至政治主权和独立的关键步骤；当然，这也意味着中东欧国家以往经济联系的系统性瓦解，需要重建以西欧国家为重点、与世界经济自由融合的对外经济关系。

2. 全面融入欧洲政治经济一体化的战略选项

"回归欧洲" 即全面融入欧洲的政治和经济一体化进程，包括加入欧盟及其框架内的一系列组织；同时，加入欧洲政治组织乃至加入北约框架内的军事政治同盟，成为东欧剧变后中东欧国家新的发展战略。正如有学者所言："加入欧盟可以再次确认中东欧国家作为欧洲现代国家的地位。"[1]

加入北约是中东欧国家回归欧洲、融入西方集团乃至进入世界政治经济舞台的重要标志，它与政治民主化以及经济市场化的体制转型有着内在的关联。要加入北约就要建立民主政治；加入北约有利于新兴民主政治的稳定以及体制转型的不被逆转，是政治民主化的有力保障。同时应当看到，中东欧国家的政治民主化转型及其加入北约，极大地促进了经济市场化的转型进程，中东欧国家在满足入约条件而做出的努力及其成果，也为它们加入欧盟创造了有利的条件。可以说，入约进程也加速了中东欧国家入盟的速度，进而又大大地推进了中东欧国家经济转型进程。

欧盟的前身是欧洲共同体（简称欧共体）[2]，1991 年欧共体成

---

① 朱晓中：《中东欧与欧洲一体化》，社会科学文献出版社，2002，第 148 页。

② 1952 年法国、联邦德国、意大利、荷兰、比利时、卢森堡 6 国组建成立了欧洲煤钢共同体。在此基础上，1958 年这 6 个国家又组建了欧洲经济共同体和欧洲原子能共同体。1967 年，欧洲煤钢共同体、欧洲经济共同体及欧洲原子能共同体合并统称为欧洲共同体，简称欧共体。1993 年 11 月 1 日起，欧共体正式更名为欧洲联盟简称欧盟。

表 1 - 1　　中东欧国家签订和平伙伴关系计划和框架文件时间

国家	签订和平伙伴关系计划日期	签订和平伙伴关系框架文件日期
阿尔巴尼亚	1994 年 2 月 23 日	
保加利亚	1994 年 2 月 14 日	1994 年 6 月 6 日
捷克共和国	1994 年 3 月 10 日	1994 年 5 月 17 日
马其顿共和国	1995 年 11 月 15 日	
匈牙利	1994 年 2 月 8 日	1994 年 6 月 6 日
波兰	1994 年 2 月 2 日	1994 年 4 月 25 日
罗马尼亚	1994 年 1 月 26 日	1994 年 4 月 28 日
斯洛伐克	1994 年 2 月 9 日	1994 年 5 月 5 日
斯洛文尼亚	1994 年 3 月 3 日	1994 年 7 月 20 日

资料来源：朱晓中：《中东欧与欧洲一体化》，社会科学文献出版社，2002，第 15 页。

表 1 - 2　　中东欧国家申请加入欧盟时间一览

国家	申请加入欧盟时间	欧盟首次发表评估报告时间	开始入盟谈判时间
保加利亚	1995 年 12 月 6 日	1999 年 10 月 13 日	2000 年 2 月 15 日
捷克共和国	1996 年 1 月 23 日	1997 年 7 月 16 日	1998 年 3 月 20 日
罗马尼亚	1995 年 6 月 22 日	1999 年 10 月 13 日	2000 年 2 月 15 日
波兰	1994 年 4 月 5 日	1997 年 7 月 16 日	1998 年 3 月 20 日
匈牙利	1994 年 3 月 21 日	1997 年 7 月 16 日	1998 年 3 月 30 日
斯洛伐克	1995 年 6 月 22 日	1999 年 10 月 13 日	2000 年 2 月 15 日
斯洛文尼亚	1996 年 6 月 10 日	1997 年 7 月 16 日	1998 年 3 月 30 日

资料来源：朱晓中：《中东欧与欧洲一体化》，社会科学文献出版社，2002，第 14 页。

员国签署了《马斯特里赫特条约》，决定缔造"欧洲合众国"，1993 年 11 月 1 日条约生效，欧共体正式改称为欧洲联盟，简称欧盟。欧盟在 1995 年吸收了欧洲自由贸易区的奥地利、芬兰和瑞典为其成员国，并逐步将原苏东集团的中东欧国家作为其扩张的目标。中东欧国家与欧共体的合作始于 20 世纪 80 年代中期，自戈尔巴乔夫担任苏共中央领导人之后，其改革"新思维"也扩展到国际经济合作层面，1984 年苏东社会主义的经济同盟——经互会向欧共体抛出了橄榄枝，明确表示可以同其签订合作协定；1988 年 6 月，经互会与欧共体在卢森堡签署联合声明，相互承认；之后，欧共体同东欧各国签署了一系列贸易和合作协定，自此欧洲两个经济体系隔绝的时代便一去不复返。在欧洲大国关系出现缓和并走向对话合作的大背景下，中东欧国家与西欧的经济联系与合作迅速发展。在东欧发生政治剧变的过程中，中东欧国家逐步摆脱苏联及其政治经济体系，而与欧共体的经济联系不断加强，到 1990 年 10 月欧共体同所有东欧国家都签订了贸易协定，而在 1990 年至 1991 年底欧共体同波兰、匈牙利、捷克斯洛伐克签署了《欧洲协定》，给予这三个国家欧共体联系国的地位。随着"24 国援助计划"和"法尔计划"的出台，中东欧国家同西欧实现经济一体化的战略目标也进入实质性的阶段。

1992 年 6 月，欧共体执行委员会向在里斯本召开的欧共体首脑会议提交了题为《扩大的挑战》的报告，将中东欧国家加入欧共体的问题提上了议事日程。1993 年 6 月，欧共体哥本哈根首脑会议进一步完善了欧共体对申请入盟的中东欧国家所实施的政策，并宣布："考虑到中东欧国家如此诚恳地希望加入欧共体成为成员国国家，如果能够满足所要求的经济和政治条件，并能够履行应尽的义务，便可以加入欧共体。"①

哥本哈根会议向中东欧国家提出了四项入盟的基本条件，具体内容是：②

第一，申请国必须是多元化的、稳定的民主国家，至少拥有独立的政党、定期进行选举、依法治国、尊重人权和保护少数民族权益。

第二，申请国必须具备可以发挥功能的市场经济。在内容上它

① 资料来源：Council of European Union, *Presidency Conclusions*: *Copenhagen European Council*, Brussels, 1993。

② 资料来源：Commission of the European Communities, *Europe and the Challenge of Enlargement*, Supplement 3/92, P. 9。

包括：私营部门在产出中占较大比重、价格自由化、实行竞争政策、限制国家补贴和一定程度的资本自由流动等。在质量上它是：政府的政策是否旨在开发竞争性市场和减少补贴；政府是否支持本国企业阻碍内向投资。

第三，申请国必须能够面对欧共体/欧盟内部的特别是欧洲单一市场环境中的竞争压力和劳动市场压力。

第四，申请国必须赞同欧共体/欧盟的经济、货币和政治联盟的目标，能够确保承担成员国的义务，特别是执行共同法的规定。共同法包括界定"四大自由"（商品、服务、资本和人员的自由流动）的法律规范；共同农业政策（CAP）；竞争政策规则、财政协调一致、对欠发达国家应尽的义务、愿意遵守1958年欧共体成立以来确定的各种决定和法律条文。

从上述四个入盟条件可以看出，要想加入欧盟，成为其正式成员，中东欧国家面临的任务就是建立民主政治与市场经济。由此可见，入盟既是市场化经济转轨的目标，想要入盟，必须在经济市场化、自由化方面符合欧盟的标准；同时，入盟也成了中东欧国家尽早、尽快建立市场经济的最便捷通道，入盟的强制性标准加速了经济转轨的进程。实现与欧洲经济一体化进而入盟，对中东欧国家而言，也意味着实实在在的好处，既有真金白银的经济援助，也能得到制度设计、管理经验、技术手段等诸多方面的收益。当然，加入欧盟的美好前景也可以有效地帮助中东欧各国政府克服经济转轨中的困难与危机。因此，有学者认为，中东欧国家加入欧盟的主要考虑是政治方面的，它们把得到一体化和财政援助保障作为回报与内部转型的代价联系在一起，这就是所谓的政治制约性。① 事实也是如此，在经济转轨中经济自由化速度越快、开放程度越大的国家融

---

① 〔法〕弗朗索瓦·巴富瓦尔：《从"休克"到重建：东欧的社会转型与全球化—欧洲化》，陆象淦译，社会科学文献出版社，2010，第6页。

入欧洲一体化的时间越早，其得到的一体化的收益也越大，这首先反映在其经济增长的速度上。最大化地实行经济自由化，是中东欧各国似乎毫不动摇的信念，正如匈牙利的一位经济部部长所言："市场开放最大的国家也就是经济增长最强劲的国家。"①

经济市场化的转轨与对外经济开放乃至融入全球化进程的同步性是所有转型国家都要经历的，然而，中东欧国家的这种双重进程特征则更加突出，经济体制转型与入盟之间产生直接的、强烈的相互关联性，它使得经济市场化的过程更加复杂：经济决策的制定反映的不仅是一国决策者的诉求与能力，它也可能是外部约束及压力的结果；同样，一种经济后果可能不仅缘于政府决策，也缘于外部环境和决定的直接或间接影响。

中东欧国家的民主化市场化进程至今已 25 年，其大致可以分为三个阶段：第一阶段可以定位为转轨的准备阶段，1989 年政治剧变至中东欧正式启动入盟的 1995 年（有的是 1994 年），这个阶段中东欧国家或多或少地都是独自寻找并解决转型任务问题，而各国采取的转轨措施也各不相同；第二阶段是全面、大规模民主化市场化转型阶段，始于 90 年代中期至加入欧盟（2004 年、2007 年），这个阶段随着欧盟最终明确将中东欧国家纳入其政治经济体系当中，欧盟作为新的地缘政治中心开始实质性地介入中东欧国家的转型进程中，而中东欧各国独自制定改革战略的可能性也实质性地减少，欧盟成为其经济转轨的"教导员"和"审计员"。② 转轨进程基本都是按照欧盟的法律、根据欧盟制订的计划表实施的，而且从第二阶段开始，中东欧国家的市场化转轨开始得到来自欧盟的资金和政府支持。这对中东欧国家的市场化转轨的推进起到了至关

---

① 金雁：《从"东欧"到"新欧洲"——20 年转轨再回首》，北京大学出版社，2011，第 49 页。

② С. Глинкина. О трансформации экономической системы в странах Центральной и Восточной Европы. *Общество и экономика*（005）2002 г.

重要的作用，这是中东欧国家转型的独到之处；第三阶段是后转型时期，即入盟至今，这期间经历了国际金融危机、欧债危机、欧洲难民危机和英国脱欧，促使中东欧国家经济政治发展进程发生调整。这一阶段除了欧盟之外，中国因素对中东欧国家经济发展产生的影响有所加强，"16+1"合作机制与"一带一路"框架下的中国与中东欧国家经济合作以及与此有关的政治联系较历史时期有所加强，这是中东欧国家自20世纪政治剧变、回归欧洲后其发展进程中的重要变化。总体来看，上述三个阶段构成了中东欧国家入盟的整体历程。

第二节　入盟是中东欧国家体制转型的核心特征

1. 中东欧国家体制转型的若干特征[①]

回首中东欧国家转型20多年的历程，其发展主线和特征非常突出。首先，中东欧转型是民主化先行式的转型，中东欧国家是在改变国家制度和发展方向的前提下进行的经济、政治以及社会制度的全面和根本性的变革。

转型进程客观上存在着次序的优先选择，或民主化的政治改革先于市场化的经济改革，或反过来，市场化先于民主化。在现有研究中，关于中东欧政治与经济转型的次序安排有两种观点：一种观点认为，中东欧是政治经济同步转型[②]；另一种观点则认为，中东欧是"政治改革（走向民主）先于经济改革（走向市场）"[③]。认为中东欧是政治经济同步转型的，主要是根据中东欧

---

① 殷红：《中东欧民主化与市场化转型特征分析》，《经济社会体制比较》2014年第1期。
② 〔丹〕奥勒·诺格德：《经济制度与民主改革》，孙友晋译，上海世纪出版集团，2007，第54页；高歌：《东欧国家经济转轨与政治转轨关系》，《东欧中亚研究》2001年第4期；迪特尔·塞格尔特：《中东欧国家政治经济同步转轨的困境》，《当代世界与社会主义》2009年第1期。
③ 〔比〕热若尔·罗兰：《转型与经济学》，张帆译，北京大学出版社，2002，第26页。

国家转型与南欧以及拉美国家的政治或经济改革的比较得出的结论，"西班牙、葡萄牙和希腊等国的转轨基本按先政治，再社会福利政策，再结构调整的顺序进行"，而"1989 年后的东欧国家经历了政治上由苏联模式的社会主义制度和体制向西方多党议会民主制、经济上由公有制占主体的中央计划经济向以私有制为主的市场经济的双重转变"，是同时进行的政治经济转轨。① 与这种比较及结论不同，认为中东欧是民主化先行即政治转型先于经济转型的，则是将中东欧转型与其他计划经济体制国家如中国进行比较得出的结论。

这里的转型是指 20 世纪 80 年代末 90 年代初发生在社会主义国家集体内的经济自由化、政治民主化以及与之相应的社会制度和体制的转变。这一制度和体制的转变与早些时候发生在南欧以及拉美国家的政治民主化或经济市场化改革有着明显的不同，即我们所指的转型是指经济制度环境如产权结构以及价格机制的根本性改变，是社会制度各个方面发生的整体性转变。而南欧或拉美国家的改革，总体上看，是制度结构内的改变与调整，它基本不涉及产权制度的根本改变以及资源配置方式由计划到市场的体制转变。因此，把中东欧转型放在社会主义国家转型体系内进行比较研究是合理的。中东欧转型是民主化先行式的转型，即首先放弃社会主义道路，并在明确了西方化的政治目标的前提下走上了市场化之路。民主化先行，或者说民主化、西方化为导向的经济转型，是中东欧转型中最明显的特征之一。

其次，中东欧的政治民主化与经济市场化两个转型进程总体上取得了良好的兼容效果。政治体制和经济体制双重转型，两个进程之间相互依赖、相互影响、缺一不可。政治约束在中东欧国家的转型中尤为突出，中东欧国家是将建立西方宪政民主制度、融入并回

---

① 高歌：《东欧国家经济转轨与政治转轨关系》，《东欧中亚研究》2001 年第 4 期。

归欧洲作为一系列改革的目标及出发点。在这一政治及思想目标的指引下，建立以私有制为主体、以自由市场为核心的市场经济，是中东欧转型中的必然选择。至于以何种方式实现这一目标，是激进式还是渐进式，则是各国根据不同情况采取的不同策略及实施途径，其最终方向是一致的，就是彻底摆脱原有的社会主义政治经济制度，重新建立民主的市场经济，实现与欧洲的政治经济一体化。因此可以说，中东欧国家西方化、民主化为导向的政治转型内在地决定了经济转型的方向及制度边界。

中东欧转型的特殊性还在于这些国家在遭遇转型危机后并没有停止走向西方，建立民主政治和市场经济的决心与步伐没有减缓，更没有像俄罗斯等独联体国家那样出现"民主倒退"，而是选择了忍耐与前行，并最终实现了融入欧洲政治经济体系的转型目标。而且，正是由于民主政治的坚持与深入以及更加开放的政策导向才促使中东欧较早地走出转型危机，无论是市场准入还是外资进入、资金扶持等方面，中东欧国家都获得了比俄罗斯好得多的外部条件，更没有遭遇来自西方的遏制、干扰甚至打击。当经济开始复苏并进入快速增长、福利水平也明显提升之后，民主政治体制的合法性得以巩固，民主化的政治转型得以继续深入下去。正如一位东欧问题研究学者所言，"新的民主制度的生存，不仅依赖于其制度结构和主要政治势力的意识形态，而且还在很大程度上依赖于这些制度在经济上的表现"。效率的提高和福利的改善增强了对民主的信心，从而推动了民主制度的深入和巩固。

中东欧国家体制转型的第三个特征是"入盟"目标及其影响。与俄罗斯等原苏联国家不同，中东欧国家体制转型的目标是明确的，那就是加入欧盟，这一客观条件对中东欧国家的体制转型进程产生了独特的约束及影响。

2. 入盟是中东欧国家转型特征的核心

入盟或者说"回归欧洲"的目标，自始至终约束和决定了中东欧国家体制转型的进程。入盟既是中东欧国家剧变后的国家发展方向，也是其政治经济体制转型的方向，同时，它也是促使中东欧国家面对转型危机时选择忍耐并继续前行的动力所在。

可以说，摆脱苏联及其发展道路、融入欧洲政治经济体系、全面回归欧洲的转型方向，是中东欧国家体制转型最具核心意义的特征，它制约和影响了中东欧国家转型的方方面面，是中东欧国家转型与其他国家转型最根本的区别所在。因为有了入盟的要求，来自欧洲的强制和标准就对中东欧国家的体制转型产生了强大的约束力及推动力。无论是 1993 年哥本哈根首脑会议上欧共体提出的入盟四项标准，还是 1997 年欧盟颁布的《2000 年议程》，都对中东欧转型起到了推动、监督和加速的作用。正如有学者所说的："哥本哈根入盟条件不仅构成了欧盟对中东欧国家强有力的激励和制裁机制，也使得中东欧国家的政治家可以在国内进行'不受民众欢迎的'的改革，进而能够在较短时间内使得塑造新社会的法律法规和其他措施到位并发挥作用，实现'回归欧洲'的目标。"[1]

因为有了入盟的目标，中东欧国家转型过程中得到了欧盟及其他西方国家和经济组织的援助。这些外国援助既包括资金援助如多边贷款及债务减免计划，也包括物资性人道援助以及专家咨询和政策指导等。就转型而言，更重要的是制度的支持与促进，如开放市场、提供普遍优惠制以及提出合作的制度条件和规范性约束等。欧盟在中东欧国家转型进程中给予了大量的、长期性的经济援助。如1990 年的"法尔计划"（全称是"援助波兰和匈牙利经济改造计划"，PHARE），这一援助计划的目标主要有两个方面：一是促进中东欧国家企业的调整和改造，重点在于扶持和促进私营经济的建

---

① 朱晓中：《转型九问——写在中东欧转型 20 年之际》，《俄罗斯中亚东欧研究》2009 年第 6 期。

立与发展；二是提供基金援助。随着中东欧国家经济转型的不断深化，"法尔计划"也逐步转向长期性项目的投资。[①] 此外，欧盟还向中东欧国家提供欧洲地区发展基金（European Regional Development Fund ERDF）、欧洲社会基金（European Social Fund ESP）、欧洲农业指导和保障基金（SAPARD）以及凝聚基金（Cohesion Fund）。这些基金的发放多是与产业发展政策相挂钩，基金的使用是落实到具体项目上，而且受到欧盟的审计与监管。更为重要的是，上述结构基金（Structural funds）的提供是与制度转型的进展相挂钩的，这极大地推动了中东欧各国的政治民主化和经济市场化转型。

由此可见，入盟是影响和决定中东欧国家体制转型最为关键的因素，它很大程度上决定了中东欧国家体制的成功转型。"回归欧洲"的目标使中东欧转型具有了特殊的外部约束，这就是老欧洲国家在允诺给予新欧洲国家政治支持和经济援助的同时，也对其政治经济的体制改革提出了硬性的约束条件，这些硬性指标无疑对中东欧转型产生了极为重要的影响。同时，中东欧国家争先恐后地加入北约和欧盟的追赶行列，也极大地推进了这些国家的转型进程。可见，"回归欧洲"是中东欧转型的关键性特征，这恰恰是俄罗斯等其他转型国家所不具备的约束条件，也是解释中东欧民主化、市场化和西方化道路之所以走得通的不可或缺的变量。[②]

第三节　入盟目标的成因

1. 苏联发展模式的失败

中东欧国家之所以最终走上摆脱苏联、加入西欧的发展道路，其重要的原因在于这些国家对苏联模式的政治经济体制的严重不满，或

---

① 朱晓中：《中东欧与欧洲一体化》，社会科学文献出版社，2002。
② 殷红、王志远：《中东欧转型研究》，经济科学出版社，2013，第6~7页。

者说，是这种发展战略及体制本身在东欧社会主义实践中的失败。在中东欧国家的社会主义征程中，改革诉求从一开始就存在且随着社会主义建设的发展越来越强烈。更何况对于中东欧国家的民众而言，加入苏联社会主义阵营、移植苏式的政治和经济发展模式，未必是准备充分或十分情愿的选择。在加入社会主义阵营初期，除南斯拉夫和阿尔巴尼亚之外的其他中东欧国家都保留了多党合作制以及多种所有制形式的市场经济，只是在冷战政治格局形成后，由于苏联的强压这些国家才被迫取消了多党制并确立了共产党一党执政的政治制度，同时，在经济上被迫接受了苏联模式或者说斯大林模式的集中计划经济体制。

集中计划经济体制在一段时期曾为中东欧经济带来了繁荣，这些国家的工业化水平在社会主义阶段得到了迅速提高，并在较短的时间里实现了由农业国向工业国或者农业工业国的转变。然而，相较其他欧洲国家，东欧社会经济发展的成果却大打折扣，重化工业化的苏联发展模式导致这些国家围绕着人的需要的物质和服务生产十分落后。尽管中东欧国家先后进行了一些市场化的改革尝试，但在原有的政治制度约束以及苏联的强压下，这些改革大都有始无终，并没有根本落实。其经济形势在 20 世纪 80 年代末由于经互会总体经济不景气而明显恶化，由计划经济体制带来的短缺特征也更加突出。1950 年至 1973 年期间，中东欧国家曾有过年均增长 3.9%的辉煌纪录，但自 1973 年至 1990 年期间，其国内生产总值却大幅下降，这一期间的年平均增长率为 -0.8%。在 20 世纪末期，东方与西方的差距越来越大，即使是苏联这个最发达的社会主义国家，其发展也无法与西方资本主义国家相比，这充分显示计划经济体制本身的落后性。对此有学者指出："国家社会主义经济在 20 世纪 80 年代的衰退和普遍虚弱，是它们丧失合法性并最终解体的关键因素。"[①]

---

① 〔英〕威廉·乌斯怀特、拉里·雷：《大转型的社会理论》，北京大学出版社，吕鹏等译，2011，第 4 页。

经济因素在东欧政治剧变中占据了重要的分量。政体的稳定性很大程度上取决于它所拥有的合法性，而合法性与经济绩效之间的关系是被历史无数次验证过的，多个政府的垮台很大程度上可以用经济失败，比如经济衰退、通货膨胀、失业率增加等来解释，可以认为，政治系统的合法性与社会经济系统是无法分开的。在经济危机的形势下，各种反政府势力会乘虚而入，而失业、通货膨胀又会使民众的反抗情绪高涨，如果再加上外部力量的煽风点火，一场旨在推翻政权的政体革命就可能顺势爆发。中东欧剧变就是这样的经典案例。同样，政治体制的形成与发展也会对经济发展产生影响。与同时进行的经济改革相比，中东欧各国的政治制度改革总体上相对滞后，并制约了经济领域改革的深入与扩展，使经济改革难以取得应有的效果。针对政治领域进行的大刀阔斧的彻底变革，扫清经济改革中的政治障碍，是政治改革乃至政治剧变的主要诱因。当20世纪80年代后期中东欧各国的经济形势急剧恶化，陷入生产下降、通货膨胀以及外债剧增的全面危机时，体制内的一些深层次的矛盾已经暴露无遗，表明此前进行的各种改革尝试已经不能解决问题，因此，继续重复过去的改革方式已不可能。

苏联政策变化对东欧剧变的作用是学术界关注的重要问题。例如，有西方学者认为，"共产主义在东欧不是一个起作用的体制，只是靠着苏联的支持，它才得以存在"。所以，"在东欧这种斯大林主义主要特征不变的情况下，任何改革都要首先由莫斯科来推动"。而戈尔巴乔夫逐步放弃苏联原来对东欧的全部强制性原则，这些原则是苏联对东欧控制的基础，从而为东欧政权尝试改革提供了更大的余地。《民主的模式》和《民主的历程》等书也同意这种观点："80年代后期中欧和东欧的这些缓慢但重要的变化的支持力量，是米哈伊尔·戈尔巴乔夫在苏联发动的改革过程。正是克里姆林宫战略性思维中的转变，可能构成了这场剧变的最直接的原因。"

当然，经济混乱同时带来的政治混乱，意识形态的分歧、政治斗争、政权争夺等，也直接加速了政治剧变的进程，而这一切事实上也都源自经济改革的失效以及由此产生的恶果。具有革命性的政治变革之所以能以和平的方式迅速取得成功，足以表明这些国家的民众对既有的经济现实和体制本身已经失去信心，换言之，重大政治改革的社会阻力已经大大降低，足以使颠覆性的变革政策得到实施。随着苏联自身也开始进行政治经济体制的"新思维"改革，这种发展模式已经丧失了存在的合法性，这是促使中东欧国家放弃社会主义发展道路、转而走上西方资本主义道路的主要原因之一。

2. 西方文明的历史认同与制度传统

中东欧大多数国家更接近于西方文明，像地处欧洲中部的捷克、波兰、匈牙利、克罗地亚和斯洛文尼亚等民族，早在8～10世纪就接受了基督教并使用拉丁文字，在11世纪，随着基督教分裂为东、西两大教会之后，这些国家步入了天主教文明的行列，从而成为西欧文明的一部分。在诸多文明中，西欧文明有着诸多独特的文化认知和认同。首先，在对政治多元化以及自由市场经济方面，天主教文明国家与俄罗斯等东正教拜占庭文明国家有着不同的认知。有学者在专门考察了不同的宗教，如天主教、新教、东正教和伊斯兰教的影响之后得出结论：伊斯兰教和东正教在引进市场经济上存在文化障碍，而天主教/新教国家则不存在这种障碍。其次，政治制度方面，天主教文明奉行的认知是，上帝与皇帝、教会与国家、精神权威与世俗权威普遍是二元的关系。这与将世俗皇帝视为人间上帝、认为教权隶属于皇权的东正教有着重大差别。再次，西方文明崇尚法治，法治的传统为宪政、人权和私有财产保护不受专制权力的侵犯奠定了基础。最后，西欧文明推崇多元化社会，在其社会中存在多样化的自主集团，包括修道院、修士会、行会等，并逐步发展成各种协会组织和社团，这为多党政治奠定了重要的社会基础。

值得关注的是，西欧文明内生的个人主义意识、个人权利传统以及自由传统也为多党政治民主化奠定了重要的社会基础。正是这些来自文化、宗教等方面的社会因素使得中东欧国家的政治文化传统中自由民主程度相对较高，尤其是与西欧毗邻的波兰、匈牙利和捷克斯洛伐克，都曾经历了文艺复兴等与西方社会一样的发展阶段，波兰甚至把自己看作"面对拜占庭俄罗斯的拉丁文明的桥头堡"，[1] 自由、民主、平等的思想在这里更容易生根发芽。因此，毫不奇怪的是，早在16世纪初波兰就曾经建立了近代欧洲最早的议会制度，一种独特的两院制的贵族民主制（Aristocratic Democracy）。波兰也曾被恩格斯称作"东欧民主的策源地"[2]。文化上的归属促进了东欧向西靠的决心。

此外，在原社会主义国家中，就对西方民主制度以及市场经济的理解与追求程度而言，中东欧国家无疑是最突出的。这些国家在加入社会主义阵营之前，大多有过多党政治的经历，特别是靠近西欧的波兰、匈牙利和捷克斯洛伐克，在这些国家中有多党民主制的社会基础；对多党政治的好处有广泛的社会认知及认同，这无疑会增强它们对西方民主道路的信心。良好的社会基础也大大降低了民主剧变过程中的社会阻力及成本，这很大程度上解释了为什么东欧剧变如此迅速而顺利。

3. 国际因素的助推

20世纪70年代末新的经济自由主义思想开始在理论上迅速传播，并由英国和美国这两个市场经济的领跑者率先应用到经济实践中，展开了一场以私有化、自由化为主要内容的经济改革。这一改革不仅使英、美走出发展困境并步入了新一轮经济增长，同

---

① 参见高歌《浅析中东欧国家与俄罗斯的异质性》，《俄罗斯中亚东欧研究》2007年第5期。

② 《马克思恩格斯全集》第5卷，第422页。转引自金雁《从"东欧"到"新东欧"——20年转轨再回首》，北京大学出版社，2011，第188页。

时也为撒切尔夫人政府和里根政府赢得了政治红利。此后经济的新自由主义便一路盛行，开始在世界范围内得到广泛的应用，新自由主义俨然成了治理经济危机的灵丹妙药。在20世纪80年代末至90年代初，经济的自由主义达到了其发展的顶点，从全球的角度看，20世纪后20年是新自由主义蓬勃发展且在理论和实践领域都占据绝对优势的时期，这一经济发展模式在当时几乎已经成为世界性的共识。对此有学者这样评价道："新自由主义式的方略已经成为全世界范围内最有影响力的（如果不是唯一的话）政策范式。现在已经不存在两种相互竞争的主要经济发展模式，参与发展问题讨论的各方目前都在说着同样的语言，而这种语言就是指市场导向的发展模式。"①

新自由主义的理论核心可以概括为政府让位于市场。它认为发生在世界各地的经济危机，其实质性根源在于政府对经济的干预，特别是那些实行经济管制和计划体制的国家。实践证明市场才是效率和增长的关键，政府应最大限度地让位于市场，让市场在经济中发挥主要作用，而不应该像计划经济国家中的政府那样主宰一切。在20世纪80年代末，市场经济在提高效率、刺激增长方面的效力要优于其他经济体制，这一点毋庸置疑。

与经济的新自由主义相伴而行的是以自由、人权、反对专制为主要诉求的政治民主化运动。20世纪70年代中期至80年代末期一场声势浩大的民主化浪潮席卷了全球。民主是人类社会共同的价值取向，它是人类走向文明社会的重要特征之一。可以说，没有哪个政府肯公开承认自己不是民主的，这意味着，政治民主很大程度上代表了统治者的政治合法性。尽管如此，一个客观的事实是，民众往往是很实用主义的，经济形势好的时期，哪怕是政治上的专制

---

① 〔匈〕贝拉·格雷什科维奇：《抗议与忍耐的政治经济分析——东欧与拉美转型之比较》，张大军译，广西师范大学出版社，2009，第33页。

也不会受到反对；而一个民主政府在遭遇经济危机的时刻同样会面临合法性危机。究竟是哪些因素导致了20世纪末那场全球性的民主化浪潮？这很大程度上还是要归于经济危机的解释。在20世纪70年代中期至80年代末期，无论是欧洲还是南美洲以及亚洲的很多国家，都遭遇了不同的发展困境。"发展困境"的含义在于，危机现象不再是暂时的、偶然性的，而呈现一种长期的趋势；不仅如此，危机还带有全面性特征，即经济危机同时伴有政治危机乃至社会危机。从此我们可以看出，20世纪末期的政治民主化、经济自由化之所以是大范围的，甚至是全球性的，原因在于它是针对一种体制——管制乃至专制性体制的一场革命。这种体制或者说是发展模式在资本主义大萧条危机后产生，在第二次世界大战之后特别是随着苏联模式的成功发展而迅速遍及世界各地，后发国家的情形更为突出；直至20世纪70年代中期，随着第二次石油危机这一导火线的出现，一场政治民主化、经济自由化的革命便顺势爆发了。它之所以同时发生在政治层面，是因为经济危机形势推动了政治变革，首先是反对党逐渐占据优势并最终夺得政权，而其获胜的法宝便是政治民主。这并不是主观推断，20世纪70年代中期南欧的希腊、葡萄牙和西班牙，80年代初拉丁美洲南部的智利、阿根廷、巴西和乌拉圭，以及80年代末的中东欧国家，乃至今天的北非、中东的民主化运动，情形大都如此。

历史的发展有其必然性，也存在着一定的偶然性，一些重大历史事件的发生往往是二者的结合。中东欧的民主化剧变发生得迅速而顺利，几乎是畅通无阻，要知道它的体制已经存活了40年之久，各国都有相当数量的共产党员，但是顷刻这一切几乎都不存在了。回顾这一历史事件，令人印象颇为深刻的是其"多米诺骨牌效应"。民主化的多米诺骨牌始于南欧国家的体制变革，当葡萄牙和西班牙开始向政治的民主体制过渡之后，它对南美国家产生了示范效应，于是，智利、阿根廷、巴西、乌拉圭这些国家纷纷走上民主化道路；在这些国家成功走上民主化道路之后（民主化的结果不一定是成功的），又对中东欧国家产生了示范效应，之前的成功示范给了中东欧国家信心：一切皆有可能。而最成功的示范则来自美国、英国——发达的、自由的、民主的资本主义国家。与西方国家相比，与成功的新兴民主国家相比，生活水平的落差对中东欧人产生了强大的助推力，他们相信，如果不是苏联的政治经济制度，他们也会像西班牙人一样富有了。可见，在先前走上民主化和经济自由化道路的国家对中东欧剧变产生了积极的推动作用，它使东欧人更加确信，苏联模式的社会主义计划经济体制已经走到了历史的尽头，发展的唯一出路就是建立欧洲那样的政治经济体制，并回到欧洲的政治经济体系之中。

此外，大国政策的影响对于中东欧国家的历史选择具有非同寻常的决定性意义。中东欧国家都是小国，在东欧剧变之前按人口计算，最小的国家是阿尔巴尼亚，人口只有 320 万；最大的国家是波兰，人口为 3870 万。小国势单力薄，又往往是在大国之间的夹缝中生存，所以，小国在确定国家发展道路和模式时一般缺乏自主性，被动性以及受外部的影响更加明显。同时，小国很难依靠自身力量实现发展，常常要寻求大国作为后盾尤其是作为国家政治军事安全的保障。中东欧发生政治剧变的过程中，地缘政治环境发生了巨大改变——其依附的大国由苏联（华约和经互会）转向了西方国家（北约和欧盟）。这种转向一方面是中东欧国家自主选择的结果，另一方面，也很大程度上取决于大国如何看待中东欧国家的地缘政治意义。中东欧国家能够在不流血的"天鹅绒革命"下实现民主剧变，摆脱苏联及俄罗斯，投入美国和欧洲的怀抱，这很大程度上是苏联"放手"政策的结果，客观地看，苏联的"放手"政策的确对东欧剧变意义重大，至少它使得这场浩大的社会变革如此和平而顺利，除了罗马尼亚和南斯拉夫因为民族分裂发生冲突之外，没有人因这场革命失去生命。为此有俄罗斯学者认为，"是苏联的不干涉为中东欧剧变打开了道路"。① 也有俄罗斯学者指出，"苏联的不干涉政策不是间接地，而是最直接地影响了东欧变革的速度和性质"。② 然而，来自苏联的外部影响对于中东欧国家的发展仅仅是一种约束，这一约束更多地体现在，苏联的"放手"清除了一直阻碍中东欧国家走向多党政治的民主化与市场经济转型的关键因素。

在外部影响因素中，西方国家的拉拢政策对中东欧剧变产生了更大的推动作用。美国主导的北约以及欧洲经济共同体国家却采取了以经济援助和政治支持为主要手段的拉拢政策。有了西方集团的召唤，中东欧民主化剧变的前景更加明确。不仅如此，在当时的历史发展背景下，这一前景是美好的，它不仅代表着民主和自由，也代表着繁荣与发达。西方的战略性进攻政策对东欧剧变产生了极大的推动作用，它既是那场大规模社会变革的精神支持也是其强有力的物质保障。也正是融入西方的美好预期大大降低了东欧社会变革的事前政治约束，从而使得一场波及 8 个国家 1.38 亿人民的大规模社会革命在短短不到一年的时间内顺利、和平地完成了。因此，在 1989~1990 年诸多发生民主化革命的国家和地区中，可以说，仅有中东欧国家存在着剧变的明确目标，那就是回归欧洲。这一社会变革的目标及前景的确定性，决定了中东欧剧变中的事前政治约束或者说其社会变革成本大大低于其他国家。

通过观察历史不难发现，中东欧国家从体制内改革一步步走向政治剧变，除了由这些国家自身发展的客观条件与内在诉求等内部因素决定之外，外部因素对东欧剧变的约束、影响尤为突出。

---

① Мир на пороге тысячилетия. Десять лет системной трансформации в странах ЦВЕ и в России: итоги и уроки. *Мировая экономика и междунаодные отношения*, 2000（5），ст. 11

② П. Е. Кандель. Революции 1989 года в странах Центральной и Юго-Восточной Европы. Взгляд через десятилетие. *Новая и новейшая история*（005）.

第二章　入盟对中东欧国家政治
转型的约束及推动

第一节　入盟为政治民主化转型
提供了参照样本

1. 民主的多种模式

即使不包括像中国这样的社会主义人民民主，仅资本主义的民主形式也是多种多样的。根据美国政治家阿伦·利普哈特的概括，依据"共识模式"（联邦制）和多数模式（单一制）两个维度划分，世界上的民主有 36 种形式，它们之间的区别主要体现在政府形式与政府绩效的不同。[①] 按照通常简单的划分，世界上的资本主义国家政体主要有两种形式——立宪君主制和民主共和制，像英国和日本实行的是君主立宪制，但美国、法国、德国等西方现代资本主义国家政体主要实行的是民主共和制。

按照议会、总统与政府的关系，西方现代资本主义国家政体又分为"议会共和制"（通常称"内阁制"、"责任内阁制"或"议会制"）、"总统共和制"（通常称"总统制"）和"委员会共和制"（通常称"委员会制"）三种形式。美国实行的是总统制，法国是

---

① 〔美〕阿伦·利普哈特：《民主的模式：36 个国家的政府形式和政府绩效》，陈崎译，北京大学出版社，2006。

"半总统制"，像德国、英国和意大利等多数西欧国家实行的则是内阁制。所谓内阁制，是指政府（内阁）通常由获得议会多数议席的政党组成并对议会负责的政权组织形式。①

中东欧国家普遍选择了议会民主制，这与中东欧国家"回归欧洲""加入欧洲文明"的道路选择是一致且吻合的。类似于德国等多数国家实行的内阁制，中东欧国家建立的议会内阁制具有以下五个主要特点：第一，政府为"内阁制政府"，即由议会中占多数席位的政党或政党联盟组成，由总理领导；内阁为最高国家行政机关，掌握并行使行政权力并向议会负责。第二，内阁需与议会保持协调关系，同时相互制约，即当议会对内阁表示不信任时，要么内阁必须辞职，要么内阁提请国家元首（总统）解散议会并重新举行大选；如果总理在一定时期不能完成组阁任务，则应主动辞职或被解除职务；总理"不称职"时由议会解除职务，如因健康原因无法主持工作时则由总统任命一名政府成员代行总理职权或重新提出总理人选。第三，内阁制下的总统制为"虚位总统制"；总统由选民直接选举产生或由议会以无记名投票选举产生，仅为名义上的国家元首，一般不掌握实际行政权力（只拥有一定的行政权力）；总统可依法解散议会（总统制下的总统和委员会制下的联邦委员会主席都无权解散议会，半总统制下的总统必须在同两院议长和总理磋商后方可解散议会），总统"不称职"或违反宪法时由议会依法随时罢免（在总统制、半总统制和联邦委员会制下，议会只能对有违法犯罪行为的总统和联邦委员会主席实行弹劾，而不能对其提出不信任案）。第四，议会为"内阁制议会"，议会议员在多党参加竞选的基础上由公民（全体选民）以普通、平等、直接、无记名和自由投票方式选举产生；议会为国家政权体系，是"三权"中的一权，独立行使立法权；议会不得干涉行政事务，但可以审

---

① 邵德门、赵连章、刘彤：《政治学新论》（第四版），东北师范大学出版社，2001。

查、监督行政对法律的执行情况；议会一般不得随意解散，但如果在一定时期内不能就组阁等重大问题达成一致意见或不能按时履行其主要职责可由总统依法宣布解散并确定举行新的大选。第五，司法权由宪法法院、法院、检察院等司法机关独立行使；法院实行独立审判，只向法律负责；宪法法院有权审查议会的立法和其他机构制定的法规等是否违宪，对认为违宪的法律有权予以拒绝等（这些都是内阁制与总统制、半总统制和委员会制的共同特征之一）。①

由于文化传统及发展水平不同，中东欧各国实行的内阁制也有所不同。比如，中东欧各国的政府总理的产生方式、其行政权限及总统拥有的行政权限就不尽相同。波、匈、捷、阿、斯洛伐克等国家的政府总理候选人由在议会中占绝对多数议席的政党提出，一般是由该党主席或者其成员担任，后经议会批准并经总统任命后行使其组阁权并领导内阁，而政府作为最高行政机构，行使所有行政权力，同时它只向议会负责。与之相比，保加利亚和罗马尼亚的总统权力相对大些，即在议会中占绝大多数议席的政党提出总理人选之前须征求总统的意见。原南斯拉夫分裂后形成的几个国家，如克罗地亚、南联盟及斯洛文尼亚的总统权力相对更大，总理候选人由总统提出，总理经议会批准或由议会选举产生后行使组阁权，而克罗地亚的总理除了向议会负责之外还必须向总统负责。尽管存在上述差异，但是，相较原苏联国家，中东欧国家总体上都走向了西欧绝大多数国家实行的议会内阁制。

第二节　入盟对政治民主化的限定和标准

中东欧国家民主化进程的推进除了其自身的政治诉求之外，来

---

① 薛君度、朱晓中：《转轨中的中东欧》，人民出版社，2002，第66~68页。

自入盟标准的制约极为重要，因为获得欧盟成员资格已经成为中东欧国家的共同选择，"回归欧洲"的外交战略取向直接决定了中东欧国家政治转型的方向，把适应欧盟标准、获得成员资格作为转型的明确前景，这种外部约束条件几乎成为中东欧国家一致性的共同选择。

入盟的要求为中东欧国家的政治体制转型提供了可遵循的标准，很大程度上决定了中东欧国家能否"回归欧洲"以及何时回到欧洲。在政治剧变后，中东欧国家纷纷提出加入欧共体（欧盟）的申请。欧共体对于中东欧国家提出加入欧共体的申请也积极响应，除了以入盟标准约束中东欧国家转型，避免政治体制出现逆转性的倒退；同时，政治民主化的推进也成为中东欧国家获得经济支持的先决条件，以提供外部援助为条件，欧盟实行渐进式的干预，确保中东欧国家一步步地向欧盟标准靠拢。以 1990 年欧共体向波兰和匈牙利提供援助的"法尔计划"为例，尽管支持两国转型的资金呈逐年递增的态势，但欧共体也为援助资金附加了相当严格的条件。要求接受援助的国家必须建立法治社会、尊重人权、实行多党制自由选举。事实上，这种措施就是在中东欧国家转型过程中不断加入的外部动力，欧共体以此来引导中东欧国家向民主政治过渡，在确保转型方向不发生改变的前提下支持中东欧国家政治体制转轨。

随着中东欧国家对加入欧共体的意愿越来越强烈，为了更加合理地规划中东欧国家政治转型与加入欧共体之间的关系，欧共体委员会认为必须对中东欧国家的意愿进行制度性的约束和规范。1990年初，欧共体在充分讨论了中东欧国家转型的基础上起草了关于欧共体与中东欧国家之间签订联系国协定的纲领性文件，这就是《欧洲协定》（*The European Agreements*）的雏形。1991 年至 1992 年底，波兰、匈牙利等中东欧十国先后签署《欧洲协定》，其中包括政治、经济、社会等多方面内容，鼓励中东欧国家与欧共体国家开展更加广泛的投资、贸易、金融合作，并对合作方式进行了较为详细的规划。《欧洲协定》是专门为中东欧国家顺利加入欧共体（欧盟）而签署的协议，其中带有明显的约束条件，形成了以政治经济转型为前提的申请途径，而中东欧国家势必按照欧共体/欧盟的要求标准进行相应的经济和政治改革，以适应未来欧共体的各项要求，并最终全面融入欧洲政治经济大环境，获得欧盟正式成员的身份。

《欧洲协定》是一种包括经济、政治、文化等多方面要素在内的综合性文件，目的在于鼓励签署协议的申请国能够与西欧国家建立更加紧密和广泛的经济贸易联系，并且还规定申请国需要遵守世界贸易规则以及保持同北约的伙伴联系。随着《欧洲协定》签署国家的日益增多，其中内容也开始逐渐从单一的经济领域向政治外交领域发展，并且民主法治、尊重人权、民族保护等具体化的政治标准也开始进入《欧洲协定》。签署协定的中东欧国家一般有十年左右的过渡期，其间需要按照所签署协定的要求继续经济和政治改革。为此，《欧洲协定》规定建立三个机构，即联系理事会、联系委员会和议会联系委员会。联系理事会负责监督《欧洲协定》的执行情况，解决在执行过程中出现的各种争端；联系委员会主要负责起草理事会的大多数文件，协助理事会工作，但对于重大事件没有决策权，属于办事机构；议会联系委员会由欧洲议会和签署协议的国家议会组成，负责对《欧洲协定》所涉及的问题进行沟通和讨论。[1] 这些专署机构的成立意味着《欧洲协定》的制度性框架日益成熟，对申请国的约束力也越来越强，中东欧国家签署协定后，基本都是按照相关标准完善政治经济体制，三个专门设立的机构在联系中东欧国家方面也发挥了非常重要的作用，这些都为中东欧国家完成转型任务奠定了基础，形成了重要的外部约束力量。

欧共体作为接受中东欧国家的东道主，从接受中东欧国家加入

---

① 朱晓中：《中东欧与欧洲一体化》，社会科学文献出版社，2002，第 123 页。

欧共体/欧盟的愿望起，就要求中东欧国家必须满足欧共体/欧盟所要求的政治经济体制，同时也承诺，如果中东欧国家能够保证自由民主、尊重人权、法治建设、市场经济等方面的标准，就将被接纳为欧共体/欧盟成员国。1993 年 6 月，欧共体在哥本哈根召开首脑会议，对于中东欧国家回归欧洲而言，这次会议具有里程碑意义，因为这是欧共体继《欧洲协定》之后再次明确加入欧共体/欧盟与经济政治转型的关系，并以哥本哈根声明的方式提出了纲领性意见。在加入欧共体/欧盟的过程中，中东欧国家实现政治民主化转型是必要条件。1993 年 11 月，欧共体正式更名为欧盟，也正是由于加入欧盟的标准日益细化，才成为促进中东欧国家经济政治转型的外部推力。哥本哈根理事会为中东欧国家设立的以上标准，就是对中东欧国家展开政治转型评估的重要依据，并且这种标准本身就成为具有重要约束力的隐形力量，也赋予了欧盟对中东欧国家实施转型方向干预的权力。在哥本哈根提出的入盟的四个条件中（政治民主化、市场经济体制、欧洲共同市场要求以及经济政策对接），政治民主化作为必要的前提条件，是中东欧国家入盟的首要原则，它要求申请国加入欧盟必须进一步完善政治体制，建立稳定的民主国家，尊重和保护人权。这意味着中东欧国家在当时的政治条件下必须进一步完善法制，促进公平有效的选举制度形成及建立包括政党制度在内的宪政民主政治体制。[1]

可见，入盟的标准是中东欧国家民主化政治转型的重要框架性指导意见，具有至关重要的约束力和推动力。

第三节　入盟对民主化前行的推动

中东欧国家通过剧变实现了由集权向民主的过渡，建立了西方

---

[1]　参见朱晓中《中东欧与欧洲一体化》，社会科学文献出版社，2002。

的宪政民主，也达成了高度的社会共识。在通过激进手段摧毁旧制度并建立了市场经济的制度基础之后，中东欧国家"西方化"的历史进程似乎已经不可逆转。然而，事实并不必然如此，无论是以往其他地区和国家的民主实践，还是原苏联国家的民主化体制转型的结果，都显示了民主进程"倒退"的普遍性。但是，中东欧国家在遭遇经济衰退和左翼力量复兴的情况下，其大多数国家迈向市场化、民主化及欧洲化的脚步并没有放缓，反而随着入盟目标的进一步明确而大大加快了。

这首先应归功于"回归欧洲"的约束及影响。"回归欧洲"不仅是中东欧国家所需要的，而且可以有效地集中人们的转型预期，即如果中东欧国家能够完成民主化与市场化的制度转型，它们就可以像西欧国家那样生活，这极大地提高了转型进程的确定性以及可信度。后者又强化了中东欧国家转型的动力，同时也帮助它们克服转型衰退、容忍福利下降和各种社会问题，因为"回归欧洲"的目标强烈地影响了这些国家的改革成本——收益观。比起忍耐和前行所付出的代价，政策逆转的可知成本更高，它意味着离开西方阵营，而这一结果在中东欧人普遍看来是更大的灾难。热若尔·罗兰认为，正是地缘政治因素"可能足够解释为什么中东欧国家没有遭遇俄罗斯及原苏联国家面临的政府崩溃、无政府状态，普遍的犯罪活动，内部和外部两套政府。执法能力和保护产权看来是解释为什么中东欧从产量下降中恢复而俄罗斯和其他没有加入欧盟前景的国家的产量继续下降的首要影响因素"。[①]

民主制度框架的建立也许并非难事，但是民主制度的巩固和延续并非易事。在中东欧同样遭遇了转型经济危机及社会动荡的条件下，加入欧盟的光明前景成为推动其继续前进而不是倒退的重要约束条件。从政治方面看，欧盟接纳新成员国的必要条件就是民主化

---

① 参见热若尔·罗兰《转型与经济学》，张帆译，北京大学出版社，2002，第 313 页。

转型，这一标准在申请国与欧盟日后签署的协议中被屡次写入，中东欧国家在政治标准方面也基本满足了哥本哈根会议的要求，使得政治转型在外部力量的保障下始终没有出现逆转的局面。1997 年卢森堡会议上，欧盟委员会对第五次东扩的初步意见就是基于哥本哈根会议精神进行的甄别和筛选，认为首先加入欧盟的应当是波兰、匈牙利、捷克等六个国家，此后被称为卢森堡集团。这些国家无一例外地在政治、经济领域取得了令欧盟委员会满意的局面，经济发展水平和民主政治都严格按照哥本哈根要求进展得较为顺利。1998 年开始，欧盟委员会每年都会对提出入盟申请的中东欧国家进行评估，并纠正这些国家在经济政治领域中存在的问题，以尽快适应欧盟提出的各项标准。在这一年的评估中，只有斯洛伐克政治领域转型没有达到哥本哈根会议的要求，波兰、匈牙利、捷克、爱沙尼亚等中东欧国家都满足了加入欧盟的中期评估标准。因此，加入欧盟的过程本身就是促使申请国进行政治、经济、司法等方面不断改革的重要动力。在此后的几年中，斯洛伐克、保加利亚、罗马尼亚等国家也依据欧盟标准进行了积极的政治经济转型，在 1999 年召开的赫尔辛基会议上正式增补以上六国为欧盟东扩的对象国，这六个国家也被称为赫尔辛基集团。1997 年欧盟颁布了《2000 年议程》开始每年对中东欧国家的转型进程进行评估，督促其对弱项限时整改。这促使中东欧国家的转型提速。对此，有学者指出，"哥本哈根入盟条件不仅构成了欧盟对中东欧国家强有力的激励和制裁机制，也使得中东欧国家的政治家可以在国内进行'不受民众欢迎的'的改革，进而能够在较短时间内使得塑造新社会的法律法规和其他措施到位并发挥作用，实现'回归欧洲'的目标。"[1]

---

[1] 朱晓中：《转型九问——写在中东欧转型 20 年之际》，《俄罗斯中亚东欧研究》2009 年第 6 期，第 47 页。

　　回首中东欧国家的转型历程不难发现，在转型的关键时刻，即遭遇转型危机面临转型退缩之际，来自欧共体/欧盟以及北约的入盟及入约标准对制度发展的方向和进程起到了至关重要的约束作用，它确保了转型的方向乃至结果。

第三章 入盟对中东欧国家 经济转型的影响

第一节 入盟为经济转型提供了 可参照的目标模式

1. 经济转型目标模式的不确定性

尽管对市场的有效性是有共识的，但是各国依据自身条件在市场经济发展中都形成了具有本国特色的市场经济模式，显示出市场经济模式的多样性，其实质性的差别在于政府对市场经济干预的目标和具体方式的不同。几种典型的市场经济模式包括美国自由市场经济、日本政府主导型市场经济、德国社会市场经济及法国混合市场经济。

从经济生活的市场化和自由化程度来看，美国无疑是最靠近自由市场经济的国家，其政府对经济的控制是微调型的，其市场经济模式的主要特点是，突出自由竞争和市场机制的自发调节作用，主张经济活动按照经济规律运行，政府仅在确保宏观经济稳定方面采取诸如货币政策的市场调节手段，强调经济中的"小政府"和"大市场"，从而使资源在市场机制的作用下达到最优配置。美国市场经济遵循的基本原则是效率优先。德国的社会市场经济模式意在将市场自由的原则与社会公平结合起来。其主要特点是：以有序竞争作为市场经济运行的基础。竞争是市场经济的关键，而政府重要的经济职责是提供一系列有关法律来保障竞争得以顺利展开。此外，德国政府重在社会公平的经济干预，建立了完善的社会保障制度，即一方面政府着力建立公平的竞争秩序提高社会的效率，另一方面通过协调劳资双方的关系、完善社会福利制度和社会保障制度，将效率与公平相结合。法国的混合市场经济特色是国家与企业、国有企业与私营经济、计划调节与市场机制有机地结合在一起，共同发挥调节资源配置的作用。[1] 首先，在该市场经济模式下，所有制结构以混合所有制为基础。从总体上讲，法国仍然是以生产资料的私人占有为主导的资本主义国家，国有经济在整个国民经济中虽然不占主体和支配地位，但与其他西方国家相比仍占有较大的比重。例如，根据 1990 年的数据，法国由国家直接控制和国家控股的国有企业产值占国内生产总值的 18%，投资额占全国的 27.5%，出口额占 25%。其次，法国实行的是计划与市场相结合的资源配置方式。其中，经济计划的基本职能有两个：一是在市场机制不能达到预定目标时，诱导企业作出合乎政策期望的决策；二是通过制订计划，使企业决策者对其他市场主体的计划有所了解，以弥补市场机制调节滞后的缺陷，从而起到调节和支持市场经济的作用。需要强调的是，法国的经济计划是指导性、指示性而非指令性的，但政府干预同样具有相当的权威性。

政府导向型市场经济的典范当数日本。其基本特征是以私人企业制度为基础；资源按市场经济原则进行配置；政府以强有力的计划和产业政策对资源配置进行导向，以达到一定的经济增长目标。首先，实施经济计划为企业决策作参考，日本政府的计划是指导性的，其宗旨是为市场和企业指明方向，表明政府的政策主张，向企

---

[1]　吴光炳主编，张海年、高红贵副主编《转型经济学》，北京大学出版社，2008，第 49 页。

业提供可靠的消息，协调各方利益关系，统一企业界的认识。其次，政府主导型市场经济模式中产业政策在宏观经济调控中发挥重要作用。产业政策是日本经济政策的核心，政府根据不同时期的经济发展目标，从产业结构和产业组织两方面，向社会各部门分别指出属于扶持的、加强的或是调整的产业部门的范围，以对社会经济运行作出明确的指导。

不同类别的市场经济模式之间并非具有不可逾越的鸿沟，即使是宣扬自由竞争市场的美国也不能绝对排除国有经济的存在和政府旨在刺激经济增长抑或抑制通货膨胀的宏观调控手段；而对于像日本这样政府主导型的市场经济中自由市场与公平竞争仍然是促使其经济走向繁荣的重要因素。因此，现实中不同模式的提出和区分，很大程度上是一种理念或者是政治口号。也正因为如此，不同政治力量在周期选举中的竞争结果及政权交替轨迹，都很大程度上显示了一国和社会在特定时期内对于具体市场经济目标的偏好和选择。

对于中东欧国家及其他转型国家而言，尽管从计划经济向市场经济过渡的基本目标是明确的，但是由于市场经济的信息和知识储备不足，在转型启动阶段多数国家并未对具体的市场经济目标模式作出明示，而只是将尽快、尽最大可能地让政府从经济中退出、减少政府的经济干预作为各国走向市场经济的共同方向。随着转型进程的发展，特别是当奉行自由主义的"休克疗法"的负面效应充分释放之后，各国逐渐回归理性，逐渐地根据本国的经济形势、制度遗产乃至文化传统等一系列综合因素形成了本国的市场经济模式。

2. 社会市场经济目标模式的既定选项

相比其他转轨国家，中东欧国家的经济转型却有着不同的内在路径，其经济市场化转轨的进程伴随着其"回归欧洲"、加入欧盟的进程，两个进程之间是一致的、相互影响、相互促进甚至是互为因果的关系。

经济转轨，简言之，就是从命令式计划经济向自由市场经济的过渡。如果从更广泛的意义上讲，这种经济体制转换的过程则是从传统社会向以市场为基础的现代社会的变革，其重要标志是政府在经济社会生活中所发挥作用的方式发生了变化。20 世纪 80 年代末 90 年代初，中东欧国家基本都将经济市场化作为发展的基本方向和目标。经济转轨本身成了这些国家经济政策、发展战略的明确目标，同时，建立市场经济本身并不是最终目的，它被看成是实现经济增长长期发展政策的一个工具。

放弃计划经济转向建立市场经济，这一经济转轨进程的启动缘于人们越来越相信计划经济已经走到了尽头。这在东欧的多数国家不仅是共识，而且变革实际上已经在悄悄进行了。在波兰、匈牙利和捷克的改革中经济"市场化"的趋势是明显的，这不仅反映在国有企业的非国有化以及第二经济（非公有经济）的出现、二级银行制度的建立，也表现在价格及贸易方面国家垄断的放松，匈牙利的自由化改革从 1968 年已经开始。如果说这些努力还是试图在保持国家社会主义的制度框架内进行的，那么，在 20 世纪 80 年代末期对体制本身的怀疑以及体制变革的要求则成为事实。由于经济失衡状况越来越严重，并且已经显现出经济长期缓慢、低迷、不良增长的趋势，这些不利的经济形势某种程度上也是之前改革的后遗症，同时也是由于受到外部世界经济环境的影响。计划经济体制在这一时期最明显的也是最难以克服的弊端是长期的短缺经济，而且趋势愈加严重化、全面化。物质短缺导致物价的持续攀升，在命令式计划经济下价格的控制又直接表现为物质的供应不足，商店里空空的货架、商品被哄抢一空或者排着长队购物的人群，这些现象在苏东国家司空见惯。即使这样，无论是东欧国家还是原苏联，也不是立即能够决定放弃计划经济这一维系了近半个世纪的发展体制。变革往往是在外力的推动下发生的，而且是要在革命的条件下才能实现。中东欧国家的民主化政治剧变为其经济制度的根本改变明确了方向，也为其在政治上的实现提供了条件和保障。

在东欧国家决定放弃社会主义道路并转向西方民主政治之后，建立西方式的经济体制即建立以私有经济为基础的自由市场经济便成了政策选择的基本目标。当然，一些具体的经济问题、发展困境也迫使东欧国家不得不通过私有化、开放市场、引进外资等市场化的激烈手段加以解决。例如波兰，在 20 世纪 80 年代末不仅陷入严重的通货膨胀，更重要的威胁来自巨额外债，其数额至 1988 年已经超过 400 亿美元。波兰政府不得不求助世界银行和国际货币基金组织以渡过难关，而后者的救助是与经济改革、结构调整计划联系在一起的，来自国际金融组织的经济自由化要求在很大程度上加速了其经济体制改革的决心。这种情况在东欧国家是普遍的，20 世纪 80 年代末几乎无一幸免地陷入经济社会危机当中的东欧各国，为了得到外部的政治支持和经济援助并以此巩固新民主政权，它们很快明确了建立自由市场经济的目标。

与经济市场化的转轨目标几乎相伴而生的是迅速融入欧洲经济一体化，即加入欧盟的战略选择。1993 年 11 月欧洲联盟正式建立后遂开始了其东扩的进程。1995 年，欧盟吸收了欧洲自由贸易区的奥地利、芬兰和瑞典为其成员国，并逐步将东欧国家作为其扩张的目标。中东欧国家与欧共体的合作始于 20 世纪 80 年代中期，自戈尔巴乔夫担任苏共中央领导人之后，其改革"新思维"也扩展到国际经济合作层面，1984 年苏东社会主义的经济同盟——经互会向欧共体抛出了橄榄枝，明确表示可以同其签订合作协定；1988年 6 月，经互会与欧共体在卢森堡签署联合声明，相互承认；之后，欧共体同东欧各国签署了一系列贸易和合作协定，自此欧洲两个经济体系隔绝的时代便一去不复返，东欧国家开始了与西欧的经济联系与合作。在东欧发生政治剧变的过程中，随着中东欧国家摆脱苏联及其政治经济体系，它们与欧共体的经济联系逐渐加强，到

1990 年 10 月欧共体同所有东欧国家都签订了贸易协定，而在 1990 年至 1991 年底欧共体同波兰、匈牙利、捷克斯洛伐克签署了《欧洲协定》，给予这三个国家欧共体联系国的地位。随着 "24 国援助计划" 和 "法尔计划" 的出台，中东欧国家同西欧实现经济一体化的战略目标也进入实质性的阶段。

　　加入欧盟对中东欧国家的影响首先是经济的，这一过程伴随着中东欧国家同西欧国家经贸联系与合作的不断加深。这种合作与联系的基础是条件与规则的一致性，即开放自由的经济原则，这就是要建立以现代公司为载体、以自由贸易为条件的市场经济体制。因而，入盟既是市场化经济转轨的目标，要入盟必须在经济市场化、自由化方面符合欧盟的标准；同时，入盟也成了中东欧国家尽早、尽快建立市场经济的最便捷通道，入盟的强制性标准加速了经济转轨的进程。实现与欧洲经济一体化进而入盟，对中东欧国家而言，也意味着实实在在的好处，既有真金白银的经济援助，也能得到制度设计、管理经验、技术手段等诸多方面的收益。当然，加入欧盟的美好前景也可以有效地帮助中东欧各国政府克服经济转轨中的困难与危机。因此，有学者认为，中东欧国家加入欧盟的主要考虑是政治方面的，它们把得到一体化和财政援助保障作为回报与内部转型的代价联系在一起，这就是所谓的政治制约性。① 事实也是如此，在经济转轨中经济自由化速度越快、开放程度越大的国家融入欧洲一体化的时间越早，其得到的一体化的收益也越大，这首先反映在其经济增长的速度上。这是中东欧各国似乎毫不动摇的信念，正如匈牙利的一位经济部部长所言："市场开放最大的国家也就是经济增长最强劲的国家。"② 经济市场化的转轨与对外经济开放乃

---

① 〔法〕弗朗索瓦·巴富瓦尔：《从 "休克" 到重建：东欧的社会转型与全球化—欧洲化》，陆象淦译，社会科学文献出版社，2010，第 6 页。

② 金雁：《从 "东欧" 到 "新欧洲" ——20 年转轨再回首》，北京大学出版社，2011，第 49 页。

至融入全球化进程的同步性是所有转型国家都要经历的，然而，中东欧国家的这种双重进程特征则更加突出，经济体制转型与入盟之间产生直接的、强烈的相互关联性，它使得经济市场化的过程更加复杂：经济决策的制定反映的不仅是一国决策者的诉求与能力，它也可能是外部约束及压力的结果；同样，一种经济后果可能不仅缘于政府决策，也缘于外部环境和决定的直接或间接影响。

东欧剧变后中东欧国家获得了主权的独立，摆脱苏联（俄罗斯）的强烈愿望也促使中东欧国家急于加入欧盟的政治经济体系，初期中东欧国家还是或多或少地独自寻找并解决转型任务问题，而各国采取的转轨措施也各不相同；而从 20 世纪 90 年代中期开始，随着欧盟最终明确将中东欧国家纳入其政治经济体系当中，欧盟作为新的地缘政治中心开始实质性地介入中东欧国家的转型进程中，而中东欧各国独自制定改革战略的可能性也实质性地减少，欧盟成为其经济转轨的"教导员"和"审计员"。① 转轨进程基本都是按照欧盟的法律、根据欧盟制订的计划表实施的，而且从此开始，中东欧国家的市场化转轨开始得到来自欧盟的资金和政府支持。这对中东欧国家的市场化转轨的推进起到了至关重要的影响，这是中东欧国家转型的独到之处。

对于中东欧国家而言，加入欧盟是决定其选择市场经济模式的首要因素，换言之，中东欧国家选择入盟的发展目标即很大程度上意味着选择了欧洲传统的社会市场经济模式。由于市场经济的信息和知识储备不足，在转型启动阶段多数国家并未对具体的市场经济目标模式作出明确的政治宣告，但在当时反社会主义浪潮中人们普遍倾向于最大限度地减少国家干预和最大限度地扩展

---

① С. Глинкина. О трансформации экономической системы в странах Центральной и Восточной Европы. *Общество и экономика* (005) 2002 г.

私人经济自由。当自由主义经济改革的负面效应充分释放之后才转而寻求替代模式，并重新重视政府的经济作用，最终的结果是中东欧独联体国家或迟或早普遍选择了社会导向型的市场经济发展道路。

苏东剧变初期一些右翼政党曾提出过极端自由化方针，简单概括起来就是对国家作用的简单且全面的否定，主张全盘私有化；在转轨战略上则主张采用"休克疗法"，追求以最快的速度（三个月或一年之内）转入市场经济体制。事实上这种主张只是推翻共产党政权和反社会主义浪潮中的"矫枉过正"，也是对市场经济的浪漫主义幻想。幻想破灭之后必然会转向寻求新的替代模式，这种极端主张也因此在剧变初期之后很快就没有了市场。

在认识到政府职能是市场经济必不可少的要件之后，中东欧地区右翼政党（如波兰团结工会、保加利亚民主力量联盟、匈牙利自由民主主义者、阿尔巴尼亚民主党、罗马尼亚民主协议会等）纷纷提出"自由市场经济"的转型目标，即在市场自发调节基础上将国家作用限定在最低限度的干预上，主张以美国模式为样本建设自己的转型经济。其核心政策主张是建立以私有制为基础或私有制占主导地位的所有制，排斥国家所有制，主张"最大限度"的私有化并在短期时间内迅速完成向新体制的过渡，并主张以货币主义限制总需求的政策作为治理通货膨胀和稳定经济的主要工具。

左翼政治力量（如匈牙利民主论坛、保加利亚社会党、保加利亚农民联盟、阿尔巴尼亚社会党、罗马尼亚人民民主党、塞尔维亚社会党和保加利亚社会民主党等）则倾向于社会民主主义或社会市场经济模式。其基本主张是将社会主义的某些价值观融合进资本主义的经济基础中。认为国家所有制应保留在自然垄断领域、铁路、邮电等基础经济部门，私有、国有和合作社所有制平等竞争。国家应该发挥重要的宏观调控职能和社会职能，建立新型福利国家并实行必要的社会保障政策。主张相对温和的渐进式转轨，主张将货币政策工具与财政税收工具结合起来治理通胀并稳定经济，反对不惜一切代价实行全面的紧缩政策。

总体上看，右翼势力推崇"自由主义模式"，而左翼力量则强调"社会市场模式"的优越性。事实上，两种模式只是对市场经济多样化的现实给予了简要的描述和粗略的划分，不同类别之间并非具有不可逾越的鸿沟，比如自由主义模式的拥护者也并非绝对排斥国家一切的宏观经济调节手段和社会福利措施，而在市场导向模式的赞同者中，关于政府到底在多大范围内、多大程度上以及采取何种具体手段干预经济也没有严格一致的认同标准。现实中不同模式的提出和区分，更大程度上是一种理念或者政治口号。也正因为如此，不同政治力量在周期性选举中的竞争结果以及政权轮替轨迹，都很大程度上显示了一国和社会在特定时期内对于具体市场经济目标的偏好和选择。

匈牙利是较早明确提出自己的市场模式定位的。1990年5月联合政府颁布的执政纲领明确提出，转型是要建立"欧洲型社会市场经济"。保加利亚则在1990年4月由执政的社会党（保共改组而来）提出实行"有社会取向的市场经济"口号。匈牙利是较早明确提出自己的市场模式定位的。1990年5月联合政府颁布的执政纲领就明确提出，转型是要建立"欧洲型社会市场经济"。[①]保加利亚在1990年4月由执政党提出实行"有社会取向的市场经济"的口号。而罗马尼亚则在1989年12月政治剧变后由新上台的救国阵线提出要建设"具有社会导向的市场经济"，主张由国家较为平衡地重新分配一切公共财富，以防止社会向贫富两极过度分化。救国阵线还提出要在资本主义和共产主义之间寻找第三条道

---

① 程伟主编、徐坡岭副主编《中东欧独联体国家转型比较研究》，经济科学出版社，2012，第114~115页。

路，实行尽量广泛的社会保障，同时将失业率降到最低限度。同样试图寻找第三条道路的还有波兰。波兰经历了初期的"自由主义狂热"之后转向了"面向社会的"市场经济定位，在具体政策上承诺提高工人工资，增加对退休金补贴等，走上了典型的社会市场经济模式。

如果说，之前中东欧国家走上命令式的计划经济与其社会文化传统有着一定的内在关联的话，那么，应当说，社会市场经济模式更适合从计划经济走来的中东欧国家的发展理念与行为惯性。换言之，这是一种良性的或曰兼容的制度选项。反观同样是以民主化先行的独联体国家，即便是俄罗斯，实际上也缺乏明确的转型目标，转型对于它们来说更多的是改变现状从而走出困境的一种尝试。更何况对于大多数独联体国家来说，是在苏联解体后被动走上转型的。在缺乏明确目标的前提下，独联体国家只能是"摸着石头过河"，即使是最初激进式的启动转轨，很大程度上也是政治动机使然。而中东欧国家则不同，它们的转型方向明确、目标确定。

第二节　入盟目标决定经济转型的方式与速度

1. 转型的方式与速度

尽管原计划经济国家向市场经济过渡的目标是明确的，但转型国家在实现这一目标时所采取的方式与速度却各不相同。因不同的转型方式，近30个转型国家被划分成了几乎是界限清晰、非此即彼，有的可以说是相向而行的不同的转型类型。事实上，转型中各国依据自身的经济条件与政治环境所采取的转型方式背后有着相似的政治和经济逻辑，那就是确保政权稳定前提下的经济发展政策。对不同的转型方式进行比较，探究形式背后的政治或经济动因，并对不同转型方式的结果进行比较，是 20 世纪 80 年代末 90 年代初、伴随原计划经济国家的市场经济转型形成的转型（转轨）经济学所研究的重要问题。

经济转轨通常是指原计划经济体制国家向市场经济的过渡。其发生的逻辑是计划经济体制已经不适应生产力发展水平并成为其阻碍，而市场经济在调动企业追求效率的积极性方面，被历史证明是更加有效的经济体制。可见，经济转轨的出发点是经济目的，是为了改善经济环境，提高经济效率，进而实现经济现代化的发展目标。

经济转轨与以往的改革、改良不同，它是大规模、大范围的制度变迁，是经济制度结构的根本性改变。经济制度的核心是产权结构，产权的界定和分配是决定经济制度性质的根本条件，产权如何归属决定经济运行的其他规则。市场经济制度的前提条件是产权在总体上归私有，包括个人或集体所有，国有经济是局部性的，集中在具有国家战略安全意义、自然垄断性质的公共产品部门。产权非国有化是市场机制有效运行的必要条件。因此，经济转轨中首要的政策内容就是产权的重新界定和再分配。具体地看，首先是建立市场经济的主体，改变原国有企业一统天下的单一所有制结构，建议以企业效率最大化为目标的现代企业，其来源于两个渠道，一是对原国有企业进行现代公司制改造，这一过程被称作产权私有化或者是"去国有化"（"非国有化"）的过程。原国有企业的私有化比重在不同转型国家是不同的，政府干预经济突出的国家一般其国有企业的比重相对较大，当然，这些国有企业同样是作为市场经济的主体参与经济活动。二是新生的私营企业。其次，与产权私有化相适应的是原计划价格机制向市场价格机制的转变，在供给与需求决定的市场价格为主导的市场机制下保留有限的计划价格控制。最后，与产权私有化和价格自由化的市场化改造相伴的是，一系列次级经济制度的市场化改革，如财政税收制度、金融制度、社会保障制度、劳动就业制度，等等，都需要进行全面的、全新的制度设计。当然，在此过程中，最为关键的是政府职能的转变与制度安排，一方面，是政府如何限制自己的权力来让渡市场自由运行的充分空间，但同时还应确保公共产品的有效供给，特别是要为市场建设提供发展的条件，维持确保市场稳定的必要秩序，总之，要为市场的建立和有效运行提供一切必要的内部及外部的条件。另一方面，政府需要对自身的权力和职能进行选择性删减，要使市场机制在实现社会资源优化配置方面发挥基础性的进而是决定性的作用，逐步由传统计划经济条件下形成的行政管理机制转化成政府适当调控下的市场机制。此外，政府需要改变调控宏观经济的手段与方法，由直接的行政管理方法转向间接的经济方法的调控，在极端必要的条件下，为确保经济稳定运行可以采取必要的行政干预。当然，在经济转型时期，由于利益结构的重新分配不可避免地造成一部分群体的利益受损，还需要兼顾市场竞争中形成的贫富差距，在追求效率与社会公平之间寻求兼顾和平衡，以确保社会稳定，获得大多数群体对改革的支持，减少改革进程中不必要的成本和阻碍。转型国家是改变之前的发展道路，以后来者的身份融入全球市场经济体系中，从俄罗斯到中国再到中东欧各国，都属于后发国家，在追赶西方发达市场经济国家的阶段，效率优先的基础上兼顾公平是普遍的事实。

由上可见，转型时期的政府诉求及其在经济中的角色、地位与作用，是决定经济转型方式、速度的决定性因素。在完成上述经济转型的各层级任务中，政府如何设计制度转型的顺序与程度，同时采取怎样的方式和速度，很大程度上是转型启动与发展进程中政府的优先选择的考量和利益得失间特别是在政治稳定与经济发展之间如何平衡的结果。

已有的关于转型方式的划分包括以下几种：一是关于激进式与渐进式的划分，原苏联国家和中东欧国家被划入激进式的，而中国则被划为渐进式的；二是关于是经济先行还是政治先行抑或政治经济同步转型之分，前者的代表是中国，而原苏东国家都属于后者；三是关于诱致性变迁与强制性变迁的划分，中国被看作诱致性转型，而原苏东国家则是强制性制度变迁。上述的划分不是绝对的，看起来也都有失偏颇、不够全面，在笔者看来，却都是抓住了其主要特点和突出问题，而在强调某个视角的时候难免会对其他有所忽视，纠偏与被纠偏的循环似乎就是学术研究传承与延伸的主线。

上述各种划分中，学术界谈到最多的是"激进式"与"渐进式"转型方式的区分与比较，关于这一转型划分的争议也最多。需要指出的是，在关于转型国家是"渐进式"还是"激进式"的归属问题上，学者们的结论也不尽一致。通常是将原苏东国家视为激进式转型，而将中国看作渐进式转型。但也有学者强调匈牙利等一些中东欧国家转型时未实行"休克疗法"，而采取的是温和、渐进的转型方式。即便是关于中东欧国家转型方式的细分，也不尽相同。例如，匈牙利著名经济学家雅诺什·科尔奈在对苏东后社会主义体制的政治结构的分析中，则把分别属于"休克疗法"激进的波兰和"渐进式"转型的波兰，与罗马尼亚的转型放在类型化的两端，指出"波兰和匈牙利作为一方，罗马尼亚作为另一方，它们之间存在着巨大差异"。[①] 在一次国内有关俄罗斯及中东欧国家转型的学会讨论会中，谈及"激进"与"渐进"两种转型方式，有学者提出，"激进或渐进都只是手段与方式，渐进与激进也是相对的。激进的措施具有局部性与临时性的特点。中国采取渐进式改革，但在各个领域、不同时期，改革的速度也不都是一样的。即使是激进的改革也有渐进的性质"。"从俄罗斯、中东欧各国向市场

① 〔匈〕雅诺什·科尔奈：《社会主义体制——共产主义政治经济学》，张安译，中央编译出版社，2006。

经济过渡方式的发展过程看，其趋势是渐进与激进两种方式的混合，但侧重于激进式。搞激进转型的国家，经过一段时间后转向渐进，并不意味着对前一段时间激进改革政策的根本否定，亦不是纠偏，而是合乎逻辑的发展。因为俄罗斯与中东欧一些国家从传统的计划经济体制向市场经济体制过渡，不可能一蹴而就。按科勒德克的看法，经济稳定化和自由化可以以激进方式达到，而结构改革、制度安排与现存生产力的微观结构重组则必须是渐进进行的。如果从通过转轨达到制度建设的目的这一角度讲，所有计划经济体制向市场经济体制过渡的国家，其经济体制转轨实质上都是渐进的，必然是一个渐进的过程。①

上述观点固然是从更长的历史视角，对原苏东国家与中国的激进式和渐进式经济转型在不同阶段的改革方式进行了现实的梳理，是修正了之前仅凭"休克疗法"的实施与否，来判定是激进式抑或是渐进式转型这样过于简单和绝对的划分所显示出的不足，也是对持续了二十多年的经济转型的阶段性演进的总结。

当然，在笔者看来，将俄罗斯、中东欧国家概括为激进式转型，而将中国概括为渐进式转型，其最实质性的原因却并不是它们在解决产权私有化及经济自由化等一系列重要制度改革时，是采取如"休克疗法"式的"一步走"战略、从体制的存量入手以显示其激进的改革速度，或者是如中国采取以"双轨制"为主要特征的"分步走"、"先增量、后存量"的循序渐进式市场化过渡。所谓的"激进式"转型，更多的是反映了这些国家与旧制度相决裂的政治态度，是其国家发展道路和方向的彻底改变，这一转变本身显示出革命性剧变所具有的激进性。而中国的"渐进式"市场化转型是为了维护和稳固已有权力结构的完善和改进，不是革命。

---

① 许文鸿：《俄罗斯中东欧国家转型及现状问题学术研讨会会议综述》，《经济社会体制比较》2015 年第 1 期，第 193 页。

为了维持已有的稳定，改革需要稳步推进，因而，总体来看，中国从计划经济向市场经济过渡是循序渐进的。从另一方面看，"激进式"与"渐进式"也反映了转型目标是否明确对转型方式的影响。俄罗斯、中东欧国家的转型目标可以说是明确的，就是建立以宪政民主为主要内容的政治民主化和自由市场经济，因而，尽快、尽可能全面地转向市场经济就成为顺理成章的政策选择，即"越早越好、越快越好、越彻底越好"；而中国则是"摸着石头过河"，没有样本可以参照，没有既定理论作指导，只能是先点后线再到面、走一步看一步地将改革推进。因此，转型目标是否明确，是内在决定转型方式和速度以及是激进还是渐进的重要决定因素。

至于转型国家该采取何种方式启动和完成转型，哪种方式更优？热若尔·罗兰在总结分析多位经济学家的研究后认为，转轨总和确定条件下激进式转轨（或称大爆炸式转轨）的政策是占优的，反之，在总和不确定条件下渐进式转轨占优。[1] 无论怎样讲，对已成既定事实的转型方式做评判，都难逃"事后诸葛亮"的嫌疑。因为决定转型国家选择何种方式启动和完成转型是极为复杂的经济和政治因素，而且，政治力量在启动经济转型时发挥了决定性的作用，[2] 因此，评价两种转型方式孰优孰劣或者是应该采取哪一种转型方式，实际上却不如分析为何出现两种转轨方式更具有现实意义。通过观察俄罗斯、中东欧国家的经济转型不难发现，实际上对转型方式及政策具有决定性影响的并不是经济因素，而是政府的政治意图、动机及目标，例如，俄罗斯实施"休克疗法"政策的根本初衷，实际上是通过迅速摧毁传统制度的基础，起码在经济上最大限度地确保已经启动了的西方化转型进程不被逆转，这在很大程

---

① 〔比利时〕热若尔·罗兰：《转型与经济学》，张帆译，北京大学出版社，2002。
② 殷红：《俄罗斯经济转轨中政府诉求约束研究》，经济科学出版社，2009。

度上符合叶利钦政府确保政权稳定的政治诉求，因此，"休克疗法"的政治意图是主要的、主导性的，也是决定性的，是政治意图为主、经济目的为辅。当然，需要强调的是，在当时的时代背景下，叶利钦的西方化、自由化、民主化发展导向基本上是符合民意需求的，要求变革的社会呼声日益高涨，因此，民意的支持与否又内在地制约着政府的决策，所以说，只有在社会的政治基础具备的情况下，激进的经济体制改革模式才是可取的。反之，如果激进式变革即使从经济的角度看是占优的，但从政治稳定抑或政权稳定的角度看是不可行的话，那么，平稳、渐进的改革方式则必然是执政的政府必然的选择，因而，经济转型中政府的政治诉求是解释经济转型方式最不可或缺的变量。因此，任何经济制度改革战略必须考虑其所处的政治环境。从这个角度看，俄罗斯、中东欧国家选择的激进式转型，与中国的渐进式转型很大程度上都是占优的选择。

2. 中东欧国家经济转型的方式与速度

中东欧国家的经济转型与其他国家最大的不同，可以概括为它明确转型的终点在哪里，那就是回到欧洲，融入欧洲经济政治及安全体系当中，成为真正意义上的欧洲的，而不是边缘化的欧洲国家。对于中东欧国家而言，自由的市场经济必将带来经济的繁荣和福利改善，甚至说，随着这一现代经济体制的建立，它们就可以迅速赶上西欧发达国家，可以像南欧甚至西欧、美国人民那样富有。这种憧憬不仅在中东欧国家普遍存在，而且一些有影响力的西方学术和政界人士也普遍相信这一点，这对于他们推动中东欧国家激进式转轨的行为方式产生了很大影响。

既然转轨的目标和前途是明确的，那么尽早、快速并彻底地告别旧制度并建立新制度就成了合理的政策选择。总体来看，中东欧国家在政治民主化剧变之后，都随即明确了向市场经济过渡的战略目标。在波兰，团结工会政府成立后很快于1989年10月通过了向市场经济过渡的经济纲领，指出必须对经济进行根本的体制变革，目的是"建立类似高度发达国家现行的市场经济体制"。在匈牙利，1990 年 5 月新政府制定的《国家经济复兴三年计划》中规定，新经济政策基本和全部的宗旨是实现经济转轨，建立一个"新的、有活力的、以市场经济为基础的体制"，即"符合匈牙利实际情况并利用西欧国家成功经验的、同世界市场相联系的、以私有化为前提的、现代化的福利市场经济"。在捷克，政治剧变后新成立的民族谅解政府提出要对国民经济进行根本性改革，并把"向市场经济过渡"作为政府的长期经济目标；1990 年 9 月自由选举后组成的新政府强调，"社会全面民主化和与市场经济相联系的经济自由化是达到这一目标的唯一途径"。

相比私有化，价格和贸易自由化相对简单和迅速，改革的阻力相对不大，这一转轨进程大多是以激进方式推进，且基本是在一年内完成。大规模私有化进程与价格自由化几乎同时进行，但由于私有化涉及利益结构的重新分配，其复杂性、冲突性以及社会影响巨大，因而实施的过程相对艰难，持续的时间也较长。中东欧各国在进行私有化时，都是采取从小到大、先易后难的路径。中小企业的私有化进展比较顺利，但大企业的私有化相对缓慢，特别是针对大企业私有化的方式成为当时争论的焦点，而各国也在不同的政治经济条件约束下采取了不同的私有化方式。在资本短缺和缺乏现代金融机构的情况下，中东欧国家多是采取免费分发式的私有化，之所以采取这种方式的另一重要原因是，面临私有化的国有企业中的大多数是经营效率低下、经济效益差的企业，这种情况下想以好价钱和现金方式出售是不现实的。更重要的是，迅速实现国有企业的私有化是经济转轨的政治目标，如何快速推行私有化而不是私有化的收益多少似乎成了当时政策的首要诉求。与此同时，应当看到，产权的私有作为市场经济的前提条件和运行的基础，与价格和贸易自由化之间具有很强的互补性和关联性，是市场机制运行不可缺少的重要元素，它是一系列市场化转轨政策的最核心部分，因而，中东欧国家在私有化初期采取证券式免费分发确有其合理性和客观必然性。

即使从总体上看中东欧国家都是采取大破大立的激进式转型，但在具体政策的实施方面也存在着不同的方式，在价格自由化及财产私有化的推进速度和方式上存在差别。这主要体现在一些国家采取了所谓的"休克疗法"，如波兰、捷克等大部分中东欧国家，而另外一些国家则拒绝了这一转型方案，例如匈牙利和罗马尼亚，所以，才有学术界将前者界定为激进式转轨而后者被视为渐进式转轨之说。"休克疗法"本是一套治理宏观经济危机主要是遏制通胀危机的经济政策，后被运用到中东欧国家的市场化转轨中。"休克疗法"可以简单地概括为国有企业私有化、价格及贸易的自由化以及宏观经济稳定化。这一政策主张认为，上述"三化"是紧密联系、缺一不可，正所谓牵一发而动全身，产权私有化是核心，价格与贸易的自由化与私有化政策是互补的，单独进行一项政策的市场化转轨，零敲碎击不起作用。同时，"休克疗法"的政策也是为避免改革造成的阻力，从而使后续政策无法实施而影响了整个转轨进程。①

中东欧各国之所以采取不同的政策主张，主要是根据各国不同的转型初始条件及约束条件。当时波兰等国的经济形势比较严峻，一方面，价格放开之后计划经济体制下形成的短缺经济造成的隐形通货膨胀迅速释放，其结果是遭遇恶性通货膨胀，只有通过价格和贸易自由化，在开放的市场环境下，才能通过市场的内在机制实现供给与需求的平衡。另一方面，采取稳定的宏观经济政策，即紧缩性的财政和货币政策来抑制总需求，进而减弱通胀压力。因此，波兰也好，俄罗斯也好，激进的"休克疗法"在很大程度上是根据

---

① 殷红、王志远：《中东欧转型研究》，经济科学出版社，2013，第89~90页。

当时经济形势恶化而不得不采取的措施。反观匈牙利，在启动市场经济转型之际，匈牙利的经济形势和条件则要好得多。匈牙利在民主化剧变前进行了较为顺利的经济改革，其价格改革早在1968年就已经开始，在80年代后期价格改革步伐加快，到1990年匈牙利商品和劳务的自由价格已经扩大到90%，政府只对10%的商品和劳务实行国家定价并规定最高涨价限额，这主要是能源、交通、邮电、药品和自来水等带有自然垄断性质的重要经济部门。实施上述经济转型之后，匈牙利的自由价格达到95%左右。由此可以看出，匈牙利的价格体制转轨是一个渐进的过程，这与波兰等国在放开价格方面实行一步到位的做法明显不同。同时，匈牙利转轨前的经济形势没有出现波兰那样的恶化，至少匈牙利从来没有出现波兰那样的恶性通货膨胀，因此，总体上看匈牙利的经济形势是可控的。匈牙利坚持国有财产只能出售、不能分发的原则，主要通过市场化的方式实现了国有企业私有化，即首先将国有企业改造为股份公司，之后出售股份，而且外资在国有企业私有化中占据了重要地位。这与波兰、捷克等国采取"分发"式的私有化方式有着明显的不同。捷克共和国是另一个激进式转型的例子，其自由化、稳定化和私有化在1991～1992年的一年时间里全部启动。斯洛伐克严格遵循捷克共和国的改革模式，只是在国家分裂之后其私有化政策才走向渐进式。罗马尼亚于1990～1991年同时实行自由化和私有化改革，但其私有化是以渐进方式进行的，稳定化在稍晚的1994年开始。保加利亚在1991年同时推出自由化和稳定化措施，私有化则是推到1994年才开始施行（见表3-1）。

此外，中东欧国家实施的具体经济转型政策，普遍呈现先激进后渐进的特征，在转轨启动阶段都是采取较为激烈、旨在快速摧毁旧制度的改革措施。在基本建立了市场经济的制度框架之后，同时由于激烈的转轨政策带来了产出的大幅下降及通胀等不利影响，各国都逐渐转向了渐进的、温和的转轨政策。

表 3 - 1　中东欧国家的市场化转型政策的速度与顺序

	自由化	稳定化	私有化	进入	企业重组
匈牙利	1968 年(渐进)	1995 年	1990 年(渐进)	1989 年	1992 年(渐进)
波兰	1990 年(激进)	1990 年	1990 年(渐进)	1990 年	1993 年(渐进)
捷克共和国	1991 年(激进)	无相关改革	1992 年(激进)	1991 年	1993 年(渐进)
斯洛伐克	1991 年(激进)	无相关改革	1992 年(激进)	1991 年	1993 年(渐进)
斯洛文尼亚	1965 年(渐进)	1990 年	1993 年(渐进)	1965 年	1989 年(渐进)
罗马尼亚	1990 年(激进)	1994 年	1991 年(渐进)	1991 年	1993 年(渐进)
保加利亚	1991 年(激进)	1991 年	1994 年(渐进)	1993 年	1991 年

　　注:"进入"的含义是指经济中开始出现私有企业和部门。

　　资料来源:根据〔比利时〕热若尔·罗兰:《转型与经济学》,张帆译,北京大学出版社,2002,第 28~29 页中相关资料整理而成。

　　中东欧国家之所以在起始阶段采取诸如"休克疗法"式的激进转轨政策,与其快速到达市场经济彼岸的主观意愿有关,同时也离不开西方市场经济的理论及其专家智囊的政策推荐和指导。新自由主义化身的"华盛顿共识"是中东欧国家经济转轨中几乎所有政策的来源和依据。所谓"华盛顿共识",是一整套宏观经济政策,它既包括短期的宏观稳定措施如紧缩的财政政策等,也包括中长期的结构调整。后者的目标主要在于减少政府对经济的影响并增加市场在经济中的作用。结构性调整的具体内容包括价格和贸易自由化、解除垄断和管制以及全面的私有化。这一整套措施和办法被概括为包括私有化在内的 10 项具体政策①。自 20 世纪 70 代末 80

---

① 华盛顿共识的具体内容包括:1. 必须恢复财政纪律;2. 有必要减少政府补贴,尽管教育与卫生保健事业应该成为公共开支的重点;3. 有必要进行税务改革,并且税务改革的目标应该是扩大税基及降低边际税率;4. 必须让市场来决定利率,而且真实利率必须为正值;5. 汇率也必须由市场来决定;6. 有必要实行自由化的出口导向型的贸易机制,尽管不一定要实现国外金融资本自由流动的政策;7. 对外国直接投资的限制应该废除;8. 国有企业必须私有化;9. 对经济活动的管制要解除;10. 产权要得到保护和保障。参见〔匈〕贝拉·格雷什科维奇《抗议与忍耐的政治经济分析——东欧与拉美转型之比较》,张大军译,广西师范大学出版社,2009,第 34~35 页。

年初，这套新自由主义经济政策便成为从稳定走向增长的经济政策的理论依据。根据这套理论，紧缩性财政政策，加上放松价格管制和实现贸易自由化，就可以摆脱经济停滞状态，换言之，只要政府不干预，依靠市场价格机制，就可以自动地达到供给和需求的平衡，这样，通货膨胀就会自动解决，经济便可恢复有效的增长。华盛顿共识在 20 世纪 80 年代治理拉丁美洲的经济危机，例如玻利维亚的通货膨胀问题时产生了良好的效果，当随后中东欧国家准备向市场经济转型时，正遭遇严重通货膨胀及供给不足，因而，新自由主义及"华盛顿共识"的理论工具就顺理成章地被应用到中东欧国家市场化的转型实践中。这一方面有其理论依据，因为当经济面临供给不足时，私有化、价格及贸易经济自由化、减少政府干预，让市场这只"看不见的手"自由运行的方法，被历史证明是相对有效的。另一方面，是来自世界银行、国际货币基金组织及西方政府的压力，为了获得资金的援助和政治经济支持，转型国家需要提供自由开放的制度和市场环境。"华盛顿共识"实实在在地对中东欧国家的思维和行动方式产生了巨大的影响。

无论是通过激进的"休克疗法"，还是分阶段推进，中东欧国家都是力图以最快的速度实现向市场经济的过渡，在各项经济制度指标上满足欧盟的要求，从而实现融入欧洲一体化的夙愿。

第三节　经济转型的进程及欧盟的影响

1. 经济转型的阶段性发展

从计划经济向市场经济转型是人类历史上从未有过的一场大规模制度的变迁过程，不可能在短期内完成。整个市场经济转型过程包括两个部分，第一是构建市场经济框架基础，第二是建立的市场制度能够有效运行，可以说，前者是制度的建立，后者是制度的巩固。这二者都不是轻松的过程，相对而言，前者的任务更加艰巨，这一阶段既面临转型的事前约束，即因利益结构重新调整与分配造成的对经济转型的阻碍；同时，这一阶段也不可避免地面临事后政治约束，即因利益结构的再分配导致利益受损者或既定利益集团对进一步改革的反对而形成的政治和经济阻力。

第一阶段改革的结果是形成了市场，但这只是一种初级形式的市场，离成熟有效的市场经济还相距甚远：一方面，许多市场支持性的制度安排，比如社会保障制度、金融市场以及职能型政府等尚未建立；另一方面转型实践要求继续深化前期改革成果或对前期改革的某些结果进行校正，甚至还有可能重新调整转型战略目标与实施计划。第二阶段市场中的各项基础设施以及制度安排已经到位，经济主体已经适应市场规则并在此基础上开展竞争与合作，制度与经济主体及其相互之间的协调配合已经能够确保经济的正常增长，从而建立起类似"发达市场经济"的体制。之后，转型问题将"逐步退化为成熟的市场经济中的正常问题"。

在第一轮改革中，转型国家需要完成的基本任务包括价格与市场交易的自由化、新的私有成分的发育以及宏观经济的稳定化。转型国家在条件允许的情况下应尽快在短期内实现上述改革，以便奠定市场经济基础并为进一步建设成熟市场经济创造必要的前提条件。制度深化阶段需要完成的改革，主要包括法律法规建设、金融机构形成、政府职能调整、福利制度重建以及与外部经济的融合等。显然，这些任务更加艰巨和复杂，只能在实践中逐步探索，循序推进。这样，在利益格局重组过程中，如何重建有约束力同时又具有适应性效率的制度矩阵，从而形成稳定的符合效率诉求和平等参与诉求的新秩序，就成为转型阶段性演进的根本问题。

当然，我们这里提出的"转型路径和方式与秩序重建的难度和平滑度相关"的命题，并不是要彻底否定例如俄罗斯采取的"激进转型方式"。因为根据已有的研究成果，快速推翻旧政权，摧毁旧秩序，很可能是当时约束条件下不得不作出的选择。这一命题的意义仅仅是提醒人们，转型路径与方式对秩序重建的影响要求转型议程制定者必须重视转型政策的效果反馈和转型过程中的政策策略调整，以减少震荡或无序的强度和波及范围，促使转型平滑演进。[1]

社会政治经济的整体转型是一个较长时间的历史过程，转型社会也将表现出一种特有的稳定性特征。从时间跨度和转型的复杂性看，完成转型可能涉及几代人的时间。这样，仅仅对转型绩效在转型终了时进行一次性总评，显然不能满足人类社会在重大事件中及时总结经验并进行适应性调整的需要。因此，转型绩效评价往往是阶段性的，而且在整个转型过程中进行多次评价，是符合社会变迁规律的。

2. 中东欧经济转轨的阶段性演进

中东欧国家"回归欧洲"的道路并不平坦，也不是一路畅通无阻。市场经济转型并没有像人们想象、预期和许诺的那样，基本的制度变革并没有随即带来经济发展和生活水平的改善，反之，严重的经济衰退以及福利下降却随之而来。采取自由化、私有化措施之后，中东欧各国的宏观经济形势骤然恶化：产出持续、大幅下降，通货膨胀加剧，外债迅速攀升。表 3 - 2、3 - 3[2]、

---

① 程伟、徐坡岭等：《中东欧独联体国家转型比较研究》，经济科学出版社，2012，第 31、129 页。

② 表 3 - 2、3 - 3 显示了转轨期中东欧各国的经济衰退与增长情况。各国经济衰退的时间和幅度不尽相同，波兰是转轨衰退持续时间最短、最早从危机中复苏的国家，从 1992 年起就步入了快速的恢复性增长轨道；稍后是捷克、斯洛文尼亚、罗马尼亚和阿尔巴尼亚，衰退持续时间为 3 年；自 1994 年起除了马其顿之外的中东欧国家都进入了恢复性增长期。总体来看，中东欧各国转轨衰退幅度最为严重的是 1990 年和 1991 年，波兰经济衰退的最高值在 1990 年，GDP 降幅为 - 11.6%，1991 年为 - 7.0%。其他国家都是 1991 年，其中降幅最大的国家是阿尔巴尼亚和克罗地亚，除斯洛文尼亚之外各国的 GDP 降幅均在两位数。这种情况到了 1992 年明显好转，多数国家经济的降幅减少到一位数。由于转轨初期经济衰退的幅度很大，直到 1997 年除了波兰之外的所有中东欧国家的实际国内生产总值仍然没有恢复到转轨前 1989 年的水平，到 1998 年，也仅有波兰、斯洛文尼亚两个国家完全恢复到了转轨前的经济总量的水平。在经历了 9 年的痛苦衰退之后，中东欧国家的平均加权国内生产总值水平只达到转轨之前 1989 年的 67%。资料来源：〔波〕格泽戈尔兹·W. 科勒德克：《从休克到治疗——后社会主义转轨的政治经济》，刘晓勇、应春子等译，上海远东出版社，2000，第 128~129 页。

3 - 4①、3 - 5②、3 - 6③、3 - 7④ 分别反映了经济转轨时期中东欧国家经历的经济衰退、通货膨胀、财政赤字、贸易恶化、失业率及福利水平下降的情况。

　　尽管遭遇上述全面经济社会危机，但中东欧国家并没有发生预想的转型崩溃，也没有出现俄罗斯等独联体出现的所谓"民主化和市场化转型的倒退"，而是做出相应的调整与妥协，使得新兴的市场体制得以存续。在欧盟向申请加入欧盟的国家提出"哥本哈根标准"之后，中东欧民主化与市场化的步伐明显加快。进入20

---

① 其中中欧国家的情况稍好，通胀率没有超过两位数，而南欧国家的通货膨胀非常严重，1991 年和 1992 年多为恶性通货膨胀，达到了三位数。转轨初期通胀指数最低的是匈牙利，这与其较早进行价格自由化有关，到 1990 年匈牙利已有 80% 的价格放开，到 1992 年 90% 的价格已放开，这为其经济转轨后始终保持相对较低的通胀水平奠定了重要的基础。持续的高通胀成为中东欧各国经济转轨后恢复投资生产的重大阻碍。

② 在经济转轨的最初阶段，各国在西方政策指导下均采取财政平衡政策，过紧的财政政策导致实体经济急需资金情况下却出现了不必要的财政盈余，这种对国有企业的金融压制过于严厉进一步加剧了经济的衰退。随着产出的持续下降以及国有企业的私有化，财政逐渐走向赤字，即使进入恢复性增长期，多数中东欧国家也始终保持着赤字的增长状态，但基本保持在欧盟规定的 3% 的范围内。可见，作为"休克疗法"的一项措施的稳定化目标，是导致转轨衰退的一个重要原因。

③ 贸易自由化也加剧了通货膨胀并导致了贸易状况的恶化。而且，"贸易休克越激进，收缩幅度就越大，恢复所需要的时间就越长（Roland，Verdier，1997）"。由于突然开放，使得国内经济特别是企业还没有做好准备以应对由国际市场竞争所带来的挑战，这也是转轨初期采取激进自由化措施之后产量下降的另一个原因。由于贸易自由化，部分国内产量的下降被迅速增加的进口所替代，如果国内依据比较优势的生产能够尽快恢复并形成长期出口导向型增长能力的话，那么，这一激进贸易自由化至少是暂时的牺牲；然而，如果该政策未能充分促进出口发展，那么就会出现新的问题，特别是在贸易和经常账户平衡方面。

④ 转轨时期福利条件的恶化也是市场化转轨的副产品。过度追求效率的政策导向必然以牺牲公平为代价，这是普遍的现象。市场经济这一体制本身就是与贫富两极分化相伴而生的。计划经济传统体制下的收入分配要比市场经济公平得多，在 20 世纪 80 年代后期，转轨国家的基尼系数大部分分布在 23～24，比西欧国家低 6 个点左右。认为从计划经济过渡到市场经济，不但会有更高的收入，而且收入分配也会更加公平，显然是人们的天真幻想，至少是对市场经济制度缺乏充分的认识，事实上，建立在私有制基础上的市场经济本身会造就两极分化。中东欧国家迅速的大规模私有化不仅造就了一夜暴富的资产阶级，也造成了大量的贫困阶层，甚至是原来已经达到中产阶级生活水平的人群，如教师和医生，也在制度变革的真空中沦落为贫困阶层。经济中的效率与平等存在着矛盾与取舍的关系，在市场化转轨初期增长与效率无疑是各国政府优先选择的目标，因而转轨初期两极分化的趋势普遍存在，中东欧各国的基尼系数明显上升。

表 3 - 2　转轨经济的衰退与增长（1990 ~ 1997 年）

国别	国内生产总值下降年数	1990 ~ 1993 年	1994 ~ 1997 年	1990 ~ 1997 年	1997 年国内生产总值指数（1989 年 = 100）
		年平均国内生产总值增长率（%）			
波兰	2	- 3.1	6.3	1.6	111.8
斯洛文尼亚	3	- 3.9	4.0	0.0	99.3
捷克共和国	3	- 4.3	3.6	- 0.4	95.8
斯洛伐克	4	- 6.8	6.3	- 0.3	95.6
匈牙利	4	- 4.8	2.5	- 1.1	90.4
罗马尼亚	4	- 6.4	2.1	- 2.2	82.4
阿尔巴尼亚	4	- 8.8	3.9	- 2.0	79.1
克罗地亚	4	- 9.9	3.0	- 3.4	73.3
保加利亚	6	- 7.4	- 3.6	- 5.5	62.8
马其顿	6	- 12.9	- 0.8	- 6.9	55.3

资料来源：〔波〕格泽戈尔兹·W.科勒德克：《从休克到治疗——后社会主义转轨的政治经济》，刘晓勇、应春子等译，上海远东出版社，2000，第 128 ~ 129 页。

表 3 - 3　1990 ~ 1998 年中东欧国家实际国内生产总值的增长

单位：%

国别	1990 年	1991 年	1992 年	1993 年	1994 年	1995 年	1996 年	1997 年	1998 年	1997 年（1989 年 = 100）	1998 年（1989 年 = 100）
波兰	- 11.6	- 7.0	2.6	3.8	5.2	7.0	6.1	6.9	6.5	111.8	119.0
匈牙利	- 3.5	- 11.9	- 3.1	- 0.6	2.9	1.5	1.3	4.3	5.4	90.4	95.2
捷克共和国	- 0.4	- 14.2	- 3.3	0.6	3.2	6.4	3.9	1.0	1.4	95.8	97.1
斯洛伐克	- 2.5	- 14.6	- 6.5	- 3.7	4.9	6.8	6.9	6.5	4.0	95.6	99.5
保加利亚	- 9.1	- 11.7	- 7.3	- 1.5	1.8	2.1	- 10.9	- 7.4	3.5	62.8	65.0
罗马尼亚	- 5.6	- 12.9	- 8.7	1.5	3.9	7.1	4.1	- 6.6	- 2.1	82.4	80.7
阿尔巴尼亚	- 10.0	- 27.7	- 7.2	9.6	9.4	8.9	9.1	- 8.0	10.2	79.1	87.2
斯洛文尼亚	- 4.7	- 8.1	- 5.5	2.8	5.3	4.1	3.1	3.3	4.1	99.3	103.4
克罗地亚	- 6.9	- 20.0	- 11.7	0.6	1.6	4.3	5.5	5.5	73.3	77.3
马其顿	- 9.9	- 12.1	- 21.1	- 8.4	- 4.0	- 1.4	1.1	1.0	2.8	55.3	56.9
中东欧均值	- 6.4	- 14.0	- 7.2	0.3	3.3	4.4	2.9	0.65	4.1	76.7	88.13

资料来源：OECD, Transition report 1998, В. М. Кудров. Опыт зарубежной модернизации. Центральная и Восточная Европа: десять лет перемен. *Общественние науки и современность* 2001 (1). ст. 142。

表 3 - 4　1991～1998 年中东欧国家的通货膨胀

单位：%

国别	1991 年	1992 年	1993 年	1994 年	1995 年	1996 年	1997 年	1998 年
波兰	60.0	44.3	37.6	29.4	21.6	18.5	13.2	10.0
匈牙利	32.0	21.6	21.1	21.2	28.3	19.8	18.4	14.0
捷克共和国	52.0	12.7	18.2	9.7	7.9	8.6	10.0	11.5
斯洛伐克	58.0	9.1	25.1	11.7	7.2	5.4	6.4	7.0
保加利亚	339.0	79.4	63.8	121.9	32.8	310.8	578.6	17.0
罗马尼亚	223.0	199.2	295.5	61.7	27.8	56.9	151.6	47.0
阿尔巴尼亚	104.0	236.6	30.9	15.8	6.0	17.4	42.0	14.0
斯洛文尼亚	247.0	92.9	22.9	18.3	8.6	8.8	9.4	8.0
克罗地亚	250.0	938.2	1149.0	-3.0	3.8	3.4	3.8	5.0
马其顿	230.0	1925.2	229.6	55.4	9.3	0.2	4.6	5.0

资料来源：OECD，Transition report 1998. 1998 年的数据为欧洲复兴开发银行的预测值。

表 3 - 5　1990～1998 年中东欧国家政府预算余额
（占国内生产总值的百分比）

单位：%

国别	1990 年	1991 年	1992 年	1993 年	1994 年	1995 年	1996 年	1997 年	1998 年
波兰	3.1	-6.7	-6.6	-3.4	-2.8	-3.6	-3.1	-3.0	-3.0
匈牙利	0.4	-2.2	-6.8	-5.5	-8.4	-6.7	-3.5	-4.6	-4.9
捷克共和国	—	—	-3.1	0.5	-1.2	-1.8	-1.2	-2.1	-0.9
斯洛伐克	—	—	—	-7.0	-1.3	0.2	-1.9	-3.4	-2.1
保加利亚	—	—	-5.2	-10.9	-5.8	-6.4	-13.4	-2.7	-1.6
罗马尼亚	1.0	3.3	-4.6	-0.4	-1.9	-2.6	-3.9	-4.5	-5.0
阿尔巴尼亚	-15.0	-31.0	-20.3	-14.4	-12.4	-10.4	-11.4	-17.0	-14.8
斯洛文尼亚	-0.3	2.6	0.2	0.3	-0.2	0.0	0.3	-1.5	-1.0
克罗地亚	—	—	-4.0	-0.8	1.7	-0.9	-0.5	1.4	2.1
马其顿	—	—	-9.6	-13.6	-3.2	-1.3	-0.4	-0.6	-0.8

资料来源：〔波〕格泽戈尔兹·W. 科勒德克：《从休克到治疗——后社会主义转轨的政治经济》，刘晓勇、应春子等译，上海远东出版社，2000，第 101～102 页。

表 3 - 6 1996 ~ 1997 年中东欧国家经常账户和贸易平衡

国别	现金账户余额（1997 年）	货物贸易余额（1997 年）	现金账户余额（1997 年）	货物贸易余额（1997 年）	现金账户余额的变化（1996 ~ 1997 年）	货物贸易余额的变化（1996 ~ 1997 年）
	（百万美元）		占国内生产总值的百分比（%）		占国内生产总值份额的百分比变化（百分点）	
波兰	- 4300	- 11300	- 3.2	- 8.4	- 2.2	- 2.4
匈牙利	- 987	- 1700	- 2.2	- 3.8	1.6	2.2
捷克共和国	- 3156	- 4600	- 6.1	- 8.8	1.5	1.7
斯洛伐克	- 1500	- 1500	- 7.9	- 7.9	3.2	4.3
保加利亚	184	311	1.8	3.0	0.5	0.8
罗马尼亚	- 1900	1414	- 5.5	4.1	1.8	8.8
克罗地亚	- 1900	- 4800	- 10.3	- 26.1	- 5.6	- 6.7
斯洛文尼亚	70	- 770	0.4	- 4.3	0.2	0.4
马其顿	- 254	- 343	- 8.1	- 10.9	- 0.8	- 2.3

资料来源：〔波〕格泽戈尔兹·W. 科勒德克：《从休克到治疗——后社会主义转轨的政治经济》，刘晓勇、应春子等译，上海远东出版社，2000，第 105 页。

表 3 - 7 1990 ~ 1998 年中东欧国家的失业率

单位：%

国别	1990 年	1993 年	1995 年	1996 年	1997 年	1998 年
保加利亚	1.8	16.4	11.1	12.5	13.7	12.2
匈牙利	1.7	12.1	10.4	10.5	10.4	10.5
波兰	6.5	16.4	14.9	13.2	10.5	10.0
罗马尼亚	1.3	10.4	9.5	6.6	8.9	9.5
斯洛伐克	1.6	14.4	13.1	12.8	12.5	
斯洛文尼亚		15.5	14.5	14.4	14.8	14.2
捷克共和国	0.7	3.5	2.9	3..5	5.2	7.0

资料来源：Дегтярь. Л. Социальные аспекты постсоциалистической трансформации в странах Центральной и Восточной Европы. *Общество и экономика* 2000 (008).

表 3 - 8　转轨国家基尼系数比较

	1987 ~ 1988 年	1993 ~ 1994 年
	基尼系数	基尼系数
低贫困(＜5%)		
捷克共和国	19	27
匈牙利	21	23
斯洛伐克	20	20
斯洛文尼亚	24	28
中等贫困(5% ~ 25%)		
中国	35	38
波兰	26	31
白俄罗斯	23	28
拉脱维亚	23	27
高贫困(25% ~ 50%)		
保加利亚	23	34
罗马尼亚	23	29
爱沙尼亚	23	39
乌克兰	23	33
俄罗斯	24	48
立陶宛	23	36
乌兹别克斯坦	28	33
很高贫困(＞50%)		
哈萨克斯坦	26	33
吉尔吉斯斯坦	26	35
摩尔多瓦	24	36
越南	—	36

资料来源：Deninger 和 Squire（1996），Milanovic（1996），联合国开发计划署（1994）和世界银行（1996）。转引自〔波〕格泽戈尔兹·W. 科勒德克《从休克到治疗——后社会主义转轨的政治经济》，刘晓勇、应春子等译，上海远东出版社，2000，第 26 ~ 264 页。

世纪 90 年代后期，中东欧国家的市场化和民主化水平已经明显超过其他苏东转型国家。

3. 经济转型中的欧盟影响

促使中东欧国家在遭遇转型危机甚至是崩溃时选择了忍耐和继续前行的，是系列的主观及客观的原因、内部和外部的条件，然而，其中来自欧盟的影响是至关重要甚至是决定性的，这体现在以下三个方面。

（1）入盟的目标是中东欧国家继续深化经济转型的动力

在遭遇转型危机甚至是崩溃时，选择忍耐和前行而不是倒退，就需要有足够的前行的动力。民众的消费水平一旦下降到比现状还要低的程度，他们就会被引诱到现状中来。人们之所以偏好激进的改革策略，是因为它创造了一种不被逆转性，它造成了与过去的一种决裂，可是一旦改革出现挫折，人们还是想走回头路。但是，假如选民们高度相信，他们现在承受的改革代价将换来未来的收益；如果这种信心在整个转型期都不会动摇，他们就会在改革时投票赞同采取激进策略，并在此后的每一时刻都认可激进策略。如果他们的信心下降，或者，如果最初的偏好不是在预期价值驱动下作出的，改革就将被减慢或者被暂时逆转。中东欧转型中独特的动力是"回归欧洲"。"回归欧洲"既代表政治的民主、自由及平等，也代表着经济的更好发展以及像欧洲人一样富有。为此，民主化、市场化进而欧洲化，是中东欧各国政府始终坚持的政治目标，无论是右翼政党还是左翼政党，都把回到欧洲、加入欧盟和北约看作政治信条。对此有学者指出，"援引和强化'欧洲属性'，在一定程度上是中东欧国家政治家赖以生存的合法性资源之一"。[①]

中东欧国家加入社会主义计划经济的特殊征途，为其克服转型危机、选择继续前行提供了必要的动力。由于对苏联模式社会主义道路以及西方制度的切身体验和认识，当中东欧国家再次选择回归

---

① 朱晓中：《入盟后中东欧国家的发展困境》，《国际政治研究》2010 年第 4 期。

欧洲的目标时，这一目标是坚定而不可动摇的。所以，在中东欧同样遭遇严重的转型危机时，这些国家尽管也出现了政治动荡，并加强了政府对经济的调控和干预，但总体上的改革方向和目标并没有改变，建立西方式的三权分立、多党的议会制，以及更加开放、自由的市场经济，实现与欧洲的政治经济一体化、成为欧盟和北约的成员，是这些国家选择的改革目标。事实上，正是由于目标坚定、对转型衰退的忍耐以及对自由民主和竞争市场的信念，为这些国家走向经济繁荣创造了条件。在得到西方肯定的情况下，中东欧国家又得到来自美国和欧洲的有实有虚的援助和支持，从而进一步推动了民主化与市场化转型的进程。从中东欧国家转型的例子看，决定转型模式和绩效的关键性因素还是其回归欧洲的目标锁定，正如有学者指出的，"欧盟成员的确定前景，进而欧盟成员本身，比任何形式的外来援助都更可能促进这些国家的政治和经济发展。"①

（2）入盟的外部约束

这一外部约束体现在两个方面：一是"回归欧洲"的软约束，即地缘政治经济乃至文化的吸引力；二是来自加入欧盟的硬约束，即加入欧盟的一系列指标的要求。

对于中东欧国家来说，向民主政治和市场经济的制度转型具有一个重要意义，那就是它代表中东欧国家从苏联模式制度下解放出来回到欧洲，这意味着它们从"东方"向"西方"这一地缘政治上的转变。"转型与回归欧洲紧密联系在一起，是中东欧国家独一无二的历史机遇"。回归欧洲不仅是中东欧国家所需要的，而且可以有效地集中人们的转型预期，即如果中东欧国家能够完成民主化与市场化的制度转型，它们就可以像西欧国家那样生活，这极大地提高了转型进程的确定性以及可信度。后者又强化了中东欧国家转

_____

① 高歌：《中东欧国家政治转轨的基本特点》，《当代世界与社会主义》2009 年第 1 期。

型的动力，同时也帮助它们克服转型衰退、容忍福利下降和各种社会问题，因为"回归欧洲"的目标强烈地影响了这些国家的改革成本——收益观。比起忍耐和前行所付出的代价，政策逆转的可知成本更高，它意味着离开西方阵营，而这一结果在中东欧人普遍看来是更大的灾难。热若尔·罗兰认为，正是地缘政治因素"可能足够解释为什么中东欧国家没有遭遇俄罗斯及原苏联国家面临的政府崩溃、无政府状态，普遍的犯罪活动，内部和外部两套政府。执法能力和保护产权看来是解释为什么中东欧从产量下降中恢复而俄罗斯和其他没有加入欧盟前景的国家的产量继续下降的首要影响因素。"① 格泽戈尔兹·科勒德克谈及地理位置对转型的影响时也指出，"当一个国家更靠近发达国家市场时，与世界经济融为一体也更为合理，例如匈牙利或捷克共和国就属这种情形，它们比像哈萨克斯坦或老挝这样的国家处于更为有利的地理位置"。② 因此如前所述，他认为，"从转轨的最终结果及对其发展的意义来讲，地缘政治因素即便不被看作是决定性的，也应当说是非常重要的"。③

　　来自入盟的硬约束构成了中东欧国家选择前行而不是倒退的重要推动。回首中东欧国家的转型历程不难发现，在转型的关键时刻，即遭遇转型危机面临转型退缩之际，来自欧共体/欧盟以及北约的入盟及入约标准对其制度发展的方向和进程起到了至关重要的约束作用，它确保了转型的方向乃至结果。1993 年的哥本哈根首脑会议上欧共体提出了入盟的四项具体标准和要求，这进一步明确了中东欧国家政治转型的方向，对其民主化进程起到了极为关键的促进作用。不仅如此，1997 年欧盟颁布了《2000 年议程》开始每年对中东欧国家的转型进程进行评估，督促其对弱项限时整改。这

---

① 参见热若尔·罗兰《转型与经济学》，张帆译，北京大学出版社，2002，第 313 页。
② 〔波〕格泽戈尔兹·W. 科勒德克：《从休克到治疗：后社会主义转轨的政治经济》，刘晓勇、应春子等译，上海远东出版社，2000，第 51 页。
③ 〔波〕格泽戈尔兹·W. 科勒德克：《从休克到治疗：后社会主义转轨的政治经济》，刘晓勇、应春子等译，上海远东出版社，2000，第 56 页。

促使中东欧国家的转型提速。对此，有学者指出，"哥本哈根入盟条件不仅构成了欧盟对中东欧国家强有力的激励和制裁机制，也使得中东欧国家的政治家可以在国内进行'不受民众欢迎的'改革，进而能够在较短时间内使得塑造新社会的法律法规和其他措施到位并发挥作用，实现'回归欧洲'的目标。"[1]

（3）转型进程中来自欧盟的援助

在进入转型后，中东欧国家就开始受到来自西欧、美国以及由这些国家主导的各种国际金融机构的援助。外国援助既包括资金援助如多边贷款及债务减免计划，也包括物资性人道援助，还包括专家咨询和政策指导等。对于转型来讲，更重要的是制度的支持与促进，如开放市场、提供普遍优惠制以及提出合作的制度条件和规范性约束等。从 1988 年年底至 1991 年年初，欧共体与所有中东欧国家签署了双边贸易及合作协定，并向波兰、匈牙利以及捷克斯洛伐克三国提供了普遍优惠制，1990～1995 年期间分别与波、捷、匈三国、保加利亚、罗马尼亚以及斯洛文尼亚签署了欧洲共同体联系国协定，即《欧洲协定》。《欧洲协定》的战略意图是加速新欧洲与老欧洲的一体化进程，包括相互间迅速开放市场，加强对新欧洲的投资以及促进金融、政治和文化的交流与合作。这一协定的重要意义不仅在于它加强了中东欧国家与欧共体的经济联系及合作，更在于它加速了这些国家的政治经济制度转型进程。包括《欧洲协定》在内的一切合作与协定，其前提和基础是市场自由化原则以及民主的政治体制。欧共体在为中东欧国家提供融入欧洲的贸易程序的同时，也提出了入盟的政治经济制度条件。首先，申请国必须是稳定和多元化的民主国家，至少拥有独立的政党，有定期选举、依法治国、尊重人权和保护少数民族权益等这些民主政体的形式和

---

[1]　朱晓中：《转型九问——写在中东欧转型 20 年之际》，《俄罗斯中亚东欧研究》2009 年第 6 期。

内容；其次，申请国必须具备可以发挥功能的市场经济，以及必须
赞同欧盟的经济、货币和政治联盟的目标，能够承担确保成员国的
义务，特别是执行共同法等规定。[①] 包括《欧洲协定》在内的一揽
子经济合作协定，迅速弥补了中东欧国家因脱离经互会市场造成的
短缺加剧以及出口锐减，缓解了由此造成的生产下降、通货膨胀以
及失业，成为中东欧国家率先走出转型衰退的有力引擎。

表 3 - 9　转型国家接受外部援助的指数比较

国家	现代化	1991~1996 年净资金流总额（人均美元）	1991~1996 年外国直接投资额（人均美元）	净资金流总额[占1996 年国民生产总值的百分比（%）]	外国直接投资额[占1996 年国民生产总值的百分比（%）]	1991~1996年外国直接投资额占净资金流总额的百分比（%）
阿尔巴尼亚	-1.50	535	87	64.8	10.5	16.3
保加利亚	0.07	264	56	23.9	5.1	21.4
罗马尼亚	-0.41	388	55	24.7	3.5	14.2
爱沙尼亚	1.01	1033	686	33.7	22.4	66.4
拉脱维亚	0.90	621	383	29.5	18.2	61.6
立陶宛	0.87	405	89	19.0	4.2	22.1
捷克共和国	1.06	1646	704	31.2	13.4	42.8
匈牙利	1.35	198.5	1267	46.7	29.8	63.9
波兰	0.18	691	329	19.9	9.5	47.6
斯洛伐克	0.33	667	161	19.0	4.6	24.1
斯洛文尼亚	0.86	1719	447	18.1	4.7	26.0
白俄罗斯	-0.07	198	8	9.3	0.4	4.0
俄罗斯	0.81	259	35	8.8	1.2	13.5
哈萨克斯坦	-0.51	230	72	18.5	5.8	31.2
吉尔吉斯斯坦	-1.10	230	50	62.2	13.5	21.7
摩尔多瓦	-0.51	177	31	44.5	7.7	17.2

① 朱晓中：《转型九问——写在中东欧转型 20 年之际》，《俄罗斯中亚东欧研究》2009 年
第 6 期，第 47 页。

续表

国家	现代化	1991~1996年净资金流总额(人均美元)	1991~1996年外国直接投资额(人均美元)	净资金流总额[占1996年国民生产总值的百分比(%)]	外国直接投资额[占1996年国民生产总值的百分比(%)]	1991~1996年外国直接投资额占净资金流总额的百分比(%)
土库曼斯坦	-0.99	199	25	19.6	2.5	12.6
乌兹别克斯坦	-1.18	105	16	10.4	1.5	14.8
乌克兰	-0.10	90	18	10.3	2.0	19.7
现代化关联系数/皮尔森相关系数	0.68 **	0.69 **	-0.33	0.45 *	0.65 *	

资料来源：〔丹〕奥勒·诺格德：《经济制度与民主改革》，孙友晋译，上海世纪出版集团，2007，第176页。

　　中东欧国家转型过程中得到了国际货币基金组织、世界银行、欧洲复兴开发银行等国际组织和机构的资金支持与援助。众所周知，这些国际经济组织在向转型国家和发展中国家提供资金支持的同时，也向这些国家强行推出自由化、紧缩财政的一揽子干预政策。当然，有的国家能成为转型的"优等生"也并不是因为得到了国际专家的指导，而主要得益于本国专业的政策设计以及政府决策。例如匈牙利的研究就曾显示，"匈牙利的改革与其他东欧国家所采用的转型政策在理论与实践上都不同。特别是在1989年之后，尽管所有重要的措施都与国际货币基金组织和世界银行讨论过，但是匈牙利的每一种方案（包括1990年与1991年安托尔政府时期的方案以及霍恩政府时期1995年初的博克罗什—舒拉尼稳定方案）都是由匈牙利的经济学家和官员设计的，所有的方案都很少有外国的参与。"[①] 总体上看，国际组织和专家的参与及其政策建议对转型进程产生了一定的影响。

---

① 〔匈〕贝拉·格雷什科维奇：《抗议与忍耐的政治经济分析》，张大军译，广西师范大学出版社，2009，第75页。

表 3 – 10 1994 ~ 1997 年苏东部分国家得到的外国直接投资

单位：亿美元

年份 国家	1994	1995	1996	1997
波兰	1875	3659	4498	4908
匈牙利	1146	4834	3333	4174
捷克共和国	869	2562	1428	1300
俄罗斯	690	2065	2579	4865
乌克兰	159	267	521	623

资料来源：В. Кудров. Рыночная трансформация в странах центрально-восточной Европы：к оценке накопленного опыта. *Общество и экономика*, 2006 (5)。

欧盟在中东欧国家转型过程中给予了大量的、长期的经济援助。首先是始于 1990 年的"法尔计划"（全称是"援助波兰和匈牙利经济改造计划"，PHARE）。这一援助计划的目标主要有两个方面：一是促进中东欧国家企业的调整和改造，重点在于扶持和促进私营经济的建立与发展。为此，欧盟拨出大量援助资金用于对项目的可行性研究、技术咨询和人员培训，以推动企业私有化进程。二是提供基金援助。随着中东欧国家经济转型的不断深化，"法尔计划"也逐步转向长期性的、常规投资项目。波兰是"法尔计划"最主要的受援国，9 年间共获得援助总额的 22%（见表 3 – 10）。这一计划涵盖了全部中东欧国家（见表 3 – 11）。

表 3 – 11 "法尔计划"援助的国家及援助起始时间

1989 年	1990 年	1991 年	1992 年	1993 年	1996 年
波兰 匈牙利	保加利亚 捷克斯洛伐克 南斯拉夫联邦 民主德国	阿尔巴尼亚 罗马尼亚	爱沙尼亚 拉脱维亚 立陶宛 斯洛文尼亚	捷克共和国 斯洛伐克	波黑共和国 马其顿

资料来源：朱晓中：《中东欧与欧洲一体化》，社会科学文献出版社，2002，第 89 页。

此外，欧盟还向中东欧国家提供欧洲地区发展基金（European Regional Development Fund ERDF）、欧洲社会基金（European Social Fund ESP）、欧洲农业指导和保障基金（SAPARD）以及凝聚基金（Cohesion Fund）。这些基金的发放多是与产业发展政策相挂钩，基金的使用是落实到具体项目上，而且受到欧盟管理部门的监管和审计。上述结构基金（Structural funds）对中东欧国家的体制转型以及转型后产业结构的调整都起到了至关重要的影响和约束。[①]

尽管我们看到外部约束及援助对中东欧国家转型的确起到了关键的影响，但"约束是外在的，而动力则是内生的"。[②] 促使中东欧国家在转型危机之时选择继续前行的，主要还是其内生的摆脱东方、走向西方的道路抉择，这一社会共识是普遍的。从制度经济学的角度看，社会共识属于非正式制度层面，相较正式制度，非正式制度的建立要更加复杂。而正是由于中东欧国家的这种共识，不仅降低了转型的事前成本，也降低了转型的事后成本，这是解释转型没有逆转的又一重要因素。

---

① 关于结构基金及其对中东欧国家经济转型的影响见本书第六章。

② 〔美〕亚当·普沃斯基：《民主与政治——东欧与拉丁美洲的政治经济改革》（译者前言），包雅钧、刘忠瑞、胡元梓译，北京大学出版社，2005，第9页。

第四章　入盟对中东欧国家
经济增长的影响

　　如果从波兰最早签署《欧洲协定》算起，中东欧国家入盟的历史进程至今已有 25 年。虽然签署入盟协议标志着这一进程的正式完成，但是，对于中东欧国家而言，与发达的老欧洲国家实现政治经济乃至社会的全面融合却是一个相当长的历史过程。

　　入盟进程中，中东欧国家与欧盟在经济上的一体化程度及其产生的增长效应，是其中重要且有待深入研究的问题。以往对经济一体化程度的界定主要是巴拉萨的五阶段论，即自由贸易区、关税同盟、共同市场、经济联盟，以及完全的经济一体化。在此定性标准的基础上，现代西方经济学拓展了经济一体化程度的定量分析，有关研究方法不断呈现，包括将制度作为变量引入模型的实证分析，运用价格的趋同性、单一经济流量数据、多种经济流量数据组合等不同方法来定量地度量经济一体化的程度。在诸多方法中，来自综合研究院华南及深港研究中心的陈秀珍在 2000 年编制的香港与内地经济联系指数 INT 给我们提供了很好的借鉴。利用其方法，我们首先计算出中东欧国家与欧盟经济一体化程度，即 INT 指数，之后将其纳入柯布—道格拉斯生产函数中进行回归分析，以此测算出一体化程度对相应国家经济增长的影响。需要指出的是，该研究结论受分析方法、指标选取的限制，难免带有片面性，因为方法不同、指标选取不同会直接影响到分析的结果和结论，但对中东欧问题研究的向前推进、纵深发展仍然具有不可或缺的意义。

第一节　中东欧国家与欧盟的
一体化程度及分类

1. 定性一体化程度的内涵界定

经济一体化是指两个或两个以上的国家在现有生产力发展水平和国际分工的基础上，由政府间通过协商缔结条约，建立多国的经济联盟。在这个多国经济联盟的区域内，商品、资本和劳务能够自由流动，不存在任何贸易壁垒，并拥有一个统一的机构，来监督条约的执行和实施共同的政策及措施。相应地，一体化程度是指在经济一体化过程中因经济融合的不同程度而显示的几个不同的阶段。一体化程度一般是指五个阶段：自由贸易区、关税同盟、共同市场、经济联盟、完全的经济一体化。这五个阶段是经济融合由低到高、由浅到深不断递进的关系，完全一体化是一体化程度的最高也是最终形式。

自由贸易区是经济一体化的初级形式，在这一阶段，成员国之间的关税被废除，但每个成员国在同非成员国进行贸易往来时，仍然保持者本国自己的关税政策。关税同盟是指在成员国之间消除了贸易壁垒，并对非成员国采取共同的对外贸易政策，调整各自的关税和配额，建立统一的对外贸易壁垒。比关税同盟更进一步的阶段是共同市场，共同市场在关税同盟的基础上允许生产要素、劳动力和资本在成员国之间自由流动，成员国之间联合的密切程度远大于关税同盟。与共同市场不同，经济联盟将各成员国减少商品和要素流动限制与各国经济政策协调程度结合起来，为了消除由于政策差异导致的歧视，这种一体化需要一个独立于成员国的协调机构，各国要向这个机构让渡部分主权。最高级的一体化程度，完全的经济一体化需要统一的货币、成员国税率的协调，以及统一的财政和货币政策。

2. 中东欧国家与欧盟一体化程度的定性划分

（1）中东欧国家与欧盟一体化程度的分组

中东欧国家的欧盟一体化进程已经取得了实质性的进展，16个中东欧国家当中，已有 11 个国家正式加入欧盟，其中又有 4 个国家正式加入欧元区。我们首先依据一体化现状对中东欧国家进行分组，然后根据一系列指标对其进行一体化指数 INT 的计算，之后通过 INT 指数进行经济一体化增长效应的回归检验。

按照中东欧国家与欧盟一体化的程度，我们从高至低将中东欧 16 个国家进行了分组，其中，第一组为入盟且加入欧元区的中东欧国家；第二组为入盟但未加入欧元区的中东欧国家；第三组为待入盟的中东欧国家。具体分组情况见表 4-1。

表 4-1 中东欧国家一体化程度时间一览

第 1 组：入盟且加入欧元区国家

国家	加入欧元区日期	加入欧盟日期	申请入盟日期	签订《欧洲协定》日期
斯洛文尼亚	2007. 1. 1	2004. 5. 1	1996. 6. 10	1996. 6. 1
斯洛伐克	2009. 1. 1	2004. 5. 1	1995. 6. 22	1993. 10. 4
爱沙尼亚	2011. 1. 1	2004. 5. 1	1995. 6. 22	1995. 6. 12
拉脱维亚	2014. 1. 1	2004. 5. 1	1995. 6. 22	1995. 6. 12

第 2 组：已入盟但尚未加入欧元区国家

国家	加入欧盟日期	申请入盟日期	签订《欧洲协定》日期
波 兰	2004. 5. 1	1994. 4. 5	1991. 12. 16
匈牙利	2004. 5. 1	1994. 3. 31	1991. 12. 16
捷 克	2004. 5. 1	1996. 1. 23	1993. 10. 4
立 陶 宛	2004. 5. 1	1995. 6. 22	1995. 6. 12
保加利亚	2007. 5. 1	1995. 12. 16	1993. 3. 8
罗马尼亚	2007. 5. 1	1995. 6. 22	1993. 2. 1
克罗地亚	2013. 7. 1	2003. 2. 21	2004. 6. 30

续表

	第 3 组：尚待入盟国家	
国家	申请入盟日期	签署 SAA 日期
马其顿	2004.3	2001.4.9
阿尔巴尼亚	2011.11.16	2006.6.12
黑　山	2008.12	2007.10.15
塞尔维亚	2009.12	2008.4.29
波　黑	2016.2.15	2008.6.16

　　注：《欧洲协定》是一种特殊形式的联系国协定。它是一个包括经济、政治和社会多方面内容的综合性重要文件。它取代了原有的东、西欧贸易和合作协定，其目的是鼓励欧共体和东欧国家之间进行更广泛的经济合作，更多的贸易和投资以及全欧洲境内的经济、金融、政治和文化的合作。《欧洲协定》的签订奠定了中东欧国家和欧共体（欧洲联盟）的新型经贸关系及政治关系。SAA 协议（Stabilization and Association Agreements）即"稳定与联系协议"，与欧盟签署这项协议是西巴尔干国家加入欧盟的第一步，"稳定与联系协议"与《欧洲协定》在性质上基本一致，最终目标都是帮助对象国获得欧盟成员国资格。这个协议从广义上来说有助于地区稳定和促使西巴尔干国家向欧盟靠拢；在狭义上，它将服务于西巴尔干国家与欧盟建立一个自由贸易区，尤其是促进四大自由流动（劳动力、商品、资本和服务），有助于双方在司法和内务、投资、农业、能源、环境、交通和基础设施、区域发展和社会事务等领域建立影响深远的关系。

　　鉴于研究所需数据庞杂，所以本章研究中我们选取了 9 个样本国家作为研究对象。其中，第一组是入盟且加入欧元区的中东欧国家，我们选取了斯洛伐克、斯洛文尼亚、拉脱维亚；第二组是入盟但未加入欧元区的中东欧国家，我们选取了波兰、匈牙利、捷克和立陶宛；第三组是待入盟国家的中东欧国家，我们选取了阿尔巴尼亚和波黑（见表 4 - 2）。

表 4 - 2　本研究选取的九个中东欧国家

第一组 入盟且加入欧元区国家	第二组 入盟但未加入欧元区国家	第三组 待入盟国家
斯洛伐克 SK 斯洛文尼亚 SLV 拉脱维亚 LA	波兰 POL 匈牙利 HUN 捷克 CR 立陶宛 LI	阿尔巴尼亚 AB 波黑 BH

（2）代表性国家选取的说明

本文选取的九个国家较有代表性。首先，对它们的经济社会情况作一介绍。

第一组入盟且加入欧元区的代表国家斯洛伐克共和国，地处欧洲中部内陆，被称为"欧洲的心脏"。面积4.9万平方公里，东接乌克兰，南接匈牙利，西连捷克、奥地利，北毗波兰，东西绵延仅有428公里。2011年人口数量达到538万人。

1918年斯洛伐克和捷克一起组成捷克斯洛伐克共和国。1948年2月，捷克斯洛伐克共产党开始全面执政。1960年改国名为捷克斯洛伐克社会主义共和国。1989年11月捷克斯洛伐克政局发生剧变，开始实行多党议会民主和多元化政治体制。1990年3月改国名为捷克斯洛伐克联邦共和国，同年4月改为捷克和斯洛伐克联邦共和国。1992年12月31日，捷克斯洛伐克联邦解体。自1993年1月1日起，斯洛伐克共和国成为独立主权国家。1993年10月4日，斯洛伐克与欧盟签订《欧洲协定》。1995年6月22日，斯洛伐克申请加入欧盟，并于2004年5月1日正式加入欧盟。2009年1月1日，斯洛伐克正式加入欧元区，成为欧元区第16个国家。

在已加入欧元区的中东欧国家中，斯洛伐克与欧盟签订《欧洲协定》的时间最早，申请入盟时间也较长，并且加入欧元区时间也较长，经济、制度发展较为成熟，其数据可获得性也较高。

立陶宛共和国，简称立陶宛，位于波罗的海东岸，北界拉脱维亚，东南邻白俄罗斯，西南邻俄罗斯加里宁格勒州和波兰，国土面积为6.53万平方公里，2011年人口数量达到318万人。1990年立陶宛宣布脱离苏联独立，1991年9月6日，苏联正式承认立陶宛的独立。1995年6月12日立陶宛与欧盟签订《欧洲协定》，同年申请加入欧盟，于2004年5月1日正式加入欧盟。立陶宛目前没有加入欧元区，有关是否加入欧元区，其国内一直存在争议，特别是欧债危机爆发后，其国内反对加入欧元区的声音更加强烈。

相比第二组其他国家，如波兰、匈牙利和捷克，立陶宛等波罗的海三国，虽然也是第一批入盟的国家，但就其经济发展水平和制度水平，都严重落后于波兰、捷克及斯洛伐克，那么，如果选取后者作为研究对象，则不具有普遍性，因而选择了立陶宛。

阿尔巴尼亚位于东南欧巴尔干半岛西岸，北接塞尔维亚和黑山，东北与马其顿共和国相连，东南邻希腊，西濒亚得里亚海和伊奥尼亚海，隔奥特朗托海峡与意大利相望。该国总面积为28748平方公里，2011年人口数量达到283万人。

阿尔巴尼亚2006年6月12日与欧盟签署"稳定与联系协议"①，并且于2011年11月16日正式申请加入欧盟。

在第三组中东欧国家中，克罗地亚和马其顿分别于2003年和2004年申请加入欧盟。其中克罗地亚于2013年7月1日已经加入欧盟，马其顿也已获得多数欧盟成员国支持并已展开多轮入盟谈判，正式入盟指日可待。黑山、塞尔维亚和波黑则入盟进程较为缓慢，在2007年和2008年才分别与欧盟签署"稳定与联系协议"。考虑到如果选择克罗地亚或马其顿为第三组研究对象，则会高估这组的一体化程度，如果选择黑山、塞尔维亚和波黑为研究对象，则又会低估该组的一体化程度。阿尔巴尼亚的入盟进程处于克罗地亚、马其顿、黑山、塞尔维亚和波黑之间，能够体现出第三组中东欧国家的均质特点，具有一定的代表性，本文选择阿尔巴尼亚作为第三组中东欧国家的研究对象，并且在数据的可获得性上，阿尔巴尼亚高于第三组其他中东欧国家。

---

① 张学昆：《欧盟的西巴尔干政策及西巴尔干国家的入盟前景》，《德国研究》2011年第1期。

第二节　中东欧国家与欧盟经济一体化
指数的设计

1. 区域经济一体化程度测量方法的选择

国内外学者对区域经济一体化程度的度量方法有很多，主要包括单一贸易或其他单一经济流量数据①、多种经济流量数据②及以

---

① 经济流量反映的是一段时期内各种经济活动发生规模的总量，这些经济活动包括贸易、金融、生产要素等诸多方面。单一经济流量即只有一类经济活动发生规模的总量，比如只是贸易流量，或只是投资流量。贸易流量是最早也是最常用来度量经济一体化程度的经济变量。早在 1933 年，德国经济学家盖蒂克和冯·尤恩就以欧洲国家间贸易流量的变化来测算欧洲经济一体化的程度。巴拉萨（1961）、Lars Wang（2004）等学者也曾用贸易流量来度量经济一体化程度。但是，这一度量方式也受到了许多学者的批评，如 Robson（1950）、Harris（2001）等学者都曾对这种方法的合理性表示异议。在"二战"以前与战后初期，区域经济一体化主要集中在贸易领域，以区域内各国或地区贸易壁垒的削减与关税同盟的建立为主要特征，因此，在当时用贸易流量来度量经济一体化是一种简便有效的方法。然而，随着区域经济一体化的日益深化，区域经济一体化的作用领域日趋广泛，不仅涉及贸易领域，还涉及跨国投资、劳动力跨国流动、统一制度设计与运作等众多领域，影响着区域经济的各个方面。在这一背景下，仍以单一的贸易流量来度量区域经济一体化程度显然是不全面的。不仅如此，由于许多区域经济一体化以贸易开始，但深化到一定程度时，贸易领域的一体化潜力已基本挖尽，而其他领域的一体化程度却日益加强，如果此时仍以单一的贸易流量来度量经济一体化程度，不仅不能完整反映经济一体化进程，甚至会得出与经济一体化实际走势相左的结果。除贸易变量外，一些学者采用其他单一变量来度量经济一体化程度，如 Henrekson（1997）和 Vanhoudt（1999）分别采取"欧洲或欧洲自由贸易区的成员人数"和"欧盟市场的扩大"等变量来计量经济一体化。这种度量方法适用于有多个成员国参加且成员国数量不断变化的制度型区域经济一体化集团。

② 为了全面、系统地度量区域经济一体化程度，一些学者尝试在贸易流量的基础上，引入更多的经济变量进行综合度量。如 Harris（2001）、Sands（2003）等人分别提出了完整的指标体系来度量区域经济一体化程度。下面简要介绍 Sands 的有关研究。Sands（2003）设计了"北美相对经济一体化指数（IREINA）"，用于度量北美次国家级别（地区、州、省等）的经济一体化程度。Sands 认为 IREINA 指数应包括以下四个方面数据：（1）贸易数据，包括商品与服务贸易；（2）金融数据，主要是外商直接投资和证券投资，同时也可以考虑区域间自动提款机提款、信用卡交易等的频率与金额，以及零售业在何种程度上按牌价接受区域内旅游者国家货币等；（3）劳动力数据，如每天过境工作的经常往返者、非工作目的的人员流动等；（4）其他数据，如技术联系、规则和标准的一致性、汇率关系、商业周期联系等。将上述四类数据加权平均，可以得到综合反映区域一体化程度的 IREINA 指数。但是，由于缺乏翔实的数据，Harris、Sands 等人的研究都只停留在框架设计阶段，没有对各国（或地区）的区域经济一体化程度进行实证评估。

制度变量的数量化来度量经济一体化程度①等。本研究主要借鉴陈秀珍编制的香港与内地经济联系指数②，在其基础上，综合前面三种度量方法及其他国际经验，编制了中东欧国家与欧盟经济一体化指数，简称 INT 指数，对中东欧国家与欧盟经济一体化程度进行量化的实证分析。

2. 指标体系的选取

按照全面性、代表性、数据的可获得性、数据时间序列的完整性等原则我们确定了本章研究设定的指标体系。此外，考虑到中东欧国家转型发展的特点，完全采用相对指标将可能导致低估

---

① 一些学者尝试将制度变量数量化来度量经济一体化程度，如 Badinger（2001）的欧洲经济一体化指数就属于这一类。Badjnger 的欧洲经济一体化指数从关税与非关税壁垒的变化来量化描述经济一体化进程。Badinger 首先将某国的保护主义水平定义为关税水平与贸易成本之和，其中贸易成本与设立欧洲共同市场的统一机构与制度等一体化措施负相关，并进而将贸易成本等价为一定量的关税下降。接着，Badinger 将经济一体化指数定义为贸易保护主义指数的负值。按照该方法，Badinger 计算了 1950 年至 2000 年欧盟的经济一体化指数及其演变。Badinger 的欧洲经济一体化指数的主要创新在于用"贸易成本"来代表共同市场建立对经济一体化的贡献，并通过将其等价为一定比例的关税下降而得到量化，从而使一体化指数较完整地反映了制度层面的欧洲经济一体化程度及其演变。

② 陈秀珍选择了贸易、金融、旅游以及其他 4 大领域共 12 项指标，通过加权平均的方法，研究编制了香港与内地经济联系指数，用以度量香港与内地经济联系的紧密程度及其演变趋势，该指数也可近似地看作度量香港与内地经济一体化程度的综合指数。与 Sands 的 IREINA 指数相似，该指数也以多种真实经济变量的组合来度量经济一体化程度，它既可用于度量制度化、契约化的一体化，也可用于度量非契约化的、自发式经济一体化。与 Sands 等人不同的是，陈秀珍在选择经济联系指数的指标体系时，尽可能地考虑了统计数据的可获得性，从而首次运用实际经济数据对香港与内地经济联系程度进行了实证评价，这是经济一体化指数的创新与贡献。但是，该指数也存在着一些缺陷，突出表现为以下三点：一是指数的指标体系全部由相对数构成。对于开放程度很高且相对稳定的经济体而言，用相对指标有助于准确反映区域经济一体化趋势。但由于中国内地改革开放以来经济发展与对外经济联系都处于快速发展阶段，仅以相对指标计算，有可能低估两者经济一体化的快速演变历程。二是权数的确定具有一定的主观因素，当然，这是所有综合指标设计中面临的共同问题。三是"其他"类指标（供水、供电）的演变更多的受相关专业领域本身特点的影响，而与两地经济一体化的整体推进相关性很弱，因此，该类指标并不是度量一体化程度的合适选择。参见陈秀珍《CDI 香港与内地经济联系指数研究》，《开放导报》2000 年第 1 期；陈秀珍：《香港与内地经济一体化程度的量化评价》，《开放导报》2005 年第 4 期；陈秀珍：《香港与内地经济一体化的经济增长效应的计量研究》，《开放导报》2005 年第 5 期。

中东欧国家与欧盟的经济一体化程度。因此，我们在确定 INT 的指标体系时，在坚持以相对指标为主的同时，对以欧盟对外经贸变量为分母的指标，如中东欧国家在欧盟进出口中的地位、中东欧国家在欧盟引进外商直接投资中的地位等指标，采用相对量与绝对量相结合的指标，以便更好地反映中东欧国家与欧盟一体化的实际情况。

按照上述原则，我们选择了 4 大类 7 项指标，具体如下：

（1）贸易一体化指标

无论是从世界各地的经验还是从欧洲经济一体化的发展历程来看，一体化最基本的表现是区域内部贸易融合的加强，因此，贸易类指标是一体化指数中不可或缺的组成部分。INT 指数的指标体系包括三项贸易类指标，分别是：

指标一：中东欧国家与欧盟贸易密集程度。中东欧国家对欧盟的出口占中东欧国家总出口的比重，与世界对欧盟的出口占世界总出口的比重的比例。指标原始值为相对数。

指标二：中东欧国家在欧盟进出口中的地位。该指标的原始值分为 A、B 两部分：A 部分是相对数，即欧盟对中东欧国家的进出口值/欧盟进出口总值；B 部分是绝对数，即欧盟对中东欧国家的进出口值。

指标三：贸易依存度，这里指的是相对数，即中东欧国家商品进出口额/GDP 总量。

（2）金融一体化指标

金融一体化是区域经济一体化的重要内容。在过去二十年里，中东欧各国与欧盟成员国通过跨境直接投资、股票上市、跨境债券融资、银行间拆借、民间资金往来等各种途径，加深了它们之间的经济的相互依赖，推动了中东欧国家与欧盟经济一体化的日益深化。

INT 指数中包括三项反映金融一体化的指标，分别是：

指标四：中东欧国家在欧盟引进外商直接投资中的地位，即中东欧国家资金占欧盟引进外商直接投资总额的比重。该指标的原始值为相对数。

指标五：欧盟在中东欧国家投资的股票总额占欧盟投资全世界股票总额的比重。该指标的原始值为相对数。

指标六：中东欧国家银行对欧盟的债权债务占中东欧国家银行对外总债权债务的比重。该指标原始值为相对数。

（3）人口流动一体化指标

人口流动一体化指标从另一个角度反映了经济一体化进程。中东欧国家加入欧盟后，一体化程度加深，移民人数也逐年上升。

INT 指数的指标体系中包括一项人口流动一体化指标：

指标七：欧盟移民到中东欧国家的人数占中东欧国家总移民人数的比重。该指标的原始值为相对数。

表 4 – 3　区域经济一体化测度指标体系构建

一级指标	二级指标	计算方法
贸易[①] （3个）	贸易密集度指数（TI 指数）	相对数：$T_{ij} = (X_i/X_{it})/(X_w/X_{wt})$ [②]
	中东欧国家在欧盟进出口中的地位（分 A、B 两部分）	A（相对数）：欧盟对中东欧国家的进出口值/欧盟进出口总值
		B（绝对数）：欧盟对中东欧国家的进出口值
	贸易依存度[③]	相对数：中东欧各国商品进出口额/GDP 总量
金融[④] （2个）	中东欧国家在欧盟引进 FDI 中的地位（分 A、B 两部分）	A（相对数）：中东欧国家资金/欧盟引进 FDI 总额
		B（绝对数）：中东欧国家资金
	欧盟对中东欧投资的股票额[⑤]占欧盟投资全世界股票总额的比重	相对数：欧盟对中东欧国家投资股票额/欧盟投资全世界股票额
人口流动[⑥]	欧盟移民到中东欧国家的人数占中东欧国家总移民人数的比重	相对数：欧盟移民到中东欧国家的人数/中东欧国家总移民人数

续表

一级指标	二级指标	计算方法
其他[7]	ICT 流动[8]（分 A、B 两部分）	A（相对数）：欧盟对中东欧国家的 ICT 进出口总额/欧盟对外 ICT 产品进出口总额
		B（绝对数）：欧盟对中东欧的 ICT 进出口总额

① 文中所有涉及贸易一体化的指标均只分析商品贸易额，其原始数据都来源于 UNCTAD 官方网站。

②其中 X_i 表示中东欧国家 i 对欧盟的出口；X_{ii} 表示中东欧国家 i 的总出口；X_w 表示世界对欧盟的总出口；X_{wt} 表示世界总出口。

③该指标中商品进出口额和 GDP 总量都采用现价百万美元计量，注意价格变动的影响。

④ 金融一体化指标主要从资本流动的角度分析区域一体化程度，本文所有涉及金融一体化指标的原始数据都来源于 UNCTAD 及 IMF 官网。

⑤文中的股票额是指报告国资产下直接投资和组合投资中的所有股权及投资基金股份。

⑥移民相关数据来源于 European Migration Network。

⑦由于欧盟与中东欧国家的特殊政治经济关系，经济联系的外延还包括基础设施、信息、通信和技术等多方面的联系，本研究选择 ICT 产品进出口情况的指标来表示这种特殊的经济联系，数据来源于 UNCTAD 官网。

⑧ ICT 产品包括：电脑及周边设备、通信设备、消费电子设备、电子元件等能够多方面反映信息经济联系的产品。

3．INT 指数具体指标的计算

（1）基准参照国、基期及指数值

由于基准参照国和基期的确定要求其对 INT 指数的排名和趋势的影响程度必须较小，故本文选择未入盟的阿尔巴尼亚作为基准参照国，选择 2004 年作为基期。那么阿尔巴尼亚在 2004 年的所有单项指标指数值与 INT 综合指数均定义为 100。

INT 指数的指标体系包括两大类单项指标，一类是相对量指标，一类是相对量与绝对量相结合的指标（以下简称混合指标）。对这两类不同的单项指标，其指数值的计算方法有所不同。

对于相对量指标，计算方法如下：设指标 i 的基准参照国基期

原始值为 Q_{iab}，0 第 t 年度的原始值为 Q_{it}，则该项指标第 t 年度的指数值 $D_{it} = Q_{it}/Q_{iab} \times 100$。

对于混合指标，计算方法如下：

设混合指标 i 的 A 部分基期原始值为 Q_{ia0}，第 t 年度的原始值为 Q_{iat}，则该项指标 A 部分第 t 年度的指数值 $D_{iat} = Q_{iat}/Q_{ia0} \times 100$。设该指标的 B 部分的基期原始值为 Q_{ib0}，第 t 年度的原始值为 Q_{ibt}，则该项指标 B 部分第 t 年度的指数值 $D_{ibt} = Q_{ibt}/Q_{ib0} \times 100$。最后求 A、B 两部分指数值的算术平均数，得到该混合指标 t 年度的指数值，即 $D_{it} = (D_{iat} + D_{ibt})/2$。

（2）各指标系数的确定

指标系数指该指标在 INT 综合指数中的相对重要程度，指标系数的确定历来是指数评价中一个争议颇大的问题，至今国内外都没有一个得到普遍认同的方法。本文在编制 INT 指数时，尝试从以下两方面来考虑指标的系数：一是计算各指标所涉及的有关经济变量与经济总量的相关系数，作为确定指标系数的一个参考依据；二是借鉴陈秀珍（2000）测算香港与内地经济联系指数的权重设置。综合以上两方面因素，最终确定各单项指标在 INT 指数中的系数比重。

参考陈秀珍（2000）的文献，我们用某项指标 D_i 对两地（指中东欧国家与欧盟）GDP 的相关系数 r_i 来量化该项指标与两地经济发展关系的紧密程度。设 GDP_A 为中东欧国家 GDP 的时间序列 GDP_t（$t = 1 \sim m$）的算术平均数，D_{iA} 为指标 D_i 的时间序列 D_{it}（$t = 1 \sim m$）的算术平均数，δ_{GDP} 为 GDP_t 数列的标准差，δ_{D_i} 为变量 D_{it} 数列的标准差，则指标 D_i 与 GDP 的相关系数 r_i 为：

$$r_i = \frac{\sum_{t=1}^{m}(GDP_t - GDP_A)(D_{it} - D_{iA})}{m\delta_{GDP}\delta_{D_i}}$$

根据以上公式，我们分别计算各单项指标对中东欧国家 GDP、欧盟 GDP① 的相关系数，并把得到的相关系数②作为确定各单项指标的系数。

（3）INT 综合指数的计算

通过加权平均的方法计算 INT 综合指数。具体计算方法如下：

$$INT_t = \left(\sum_{i=1}^{n} D_{it} \times r_i \right) \Big/ \sum_{i=1}^{n} r_i$$

上式中，INT_t 是 t 年度的中东欧国家与欧盟经济一体化指数。D_{it} 是 t 年度的第 i 项单项指标的指数值；n 是 INT 指数中所含的单项指标个数，因我们选择了 7 项单项指标，故 $n=7$；r_i 是第 i 项单项指标在 INT 指数中所占的比重。

INT 综合指数作为一组连续的时间序列数据，为区域经济一体化的增长效应的实证研究提供了重要的基础性数据。

（4）中东欧国家 INT 指数的计算结果及其总结分析

根据上述方法，通过世界银行、世贸组织、IMF、UNCTAD 等数据库和欧盟的官方统计资料，运用 Excel 计算得出中东欧九国与欧盟一体化综合指数，具体数值见表 4-4。

表 4-4 中东欧九国与欧盟的一体化指数

年份	INT-HUN	INT-SLV	INT-POL	INT-CR	INT-BH
2001	2083	4593	2816	4756	161
2002	2613	5404	3057	5246	172
2003	3406	6583	3117	6450	165
2004	4021	8643	3858	9006	218
2005	4239	9406	4821	9945	247

① 由于中东欧各国相对于欧盟大集体中的发达国家，其属于新兴市场小经济体，中东欧各国与欧盟一体化程度对中东欧各国 GDP 的影响明显比对欧盟整体 GDP 的影响更大，故本文只计算各单项指标对中东欧各国 GDP 的相关系数。

② 在其他条件一定的情况下，某指标与两地 GDP 的相关系数越大，则表明该指标在 INT 综合指数中的比重也越大。

年份	INT – HUN	INT – SLV	INT – POL	INT – CR	INT – BH
2006	5157	11705	7656	12409	257
2007	7481	15267	8849	15291	300
2008	8682	20049	10910	16461	365
2009	8543	20607	11464	15950	293
2010	8022	22007	14472	16898	302
2011	7706	21904	15257	17987	335
2012	7343	24226	18362	22267	329
2013	6948	26434	19442	22067	365
2014	6493	25394	19248	22352	349
2015	5670	24763	20374	22279	310

年份	INT – SK	INT – LI	INT – LA	INT – AB
2001	1449	316	245	87
2002	1560	374	278	84
2003	1903	443	341	84
2004	2153	714	481	100
2005	2384	1013	566	96
2006	3426	1242	844	127
2007	4793	1564	1267	180
2008	6049	1864	1262	282
2009	5809	1823	1028	322
2010	6649	1778	1104	286
2011	6679	1873	1177	311
2012	6760	2182	1411	330
2013	7022	2616	1872	382
2014	6311	2370	1735	394
2015	5613	2039	1632	400

　　图 4-1 更直观地反映出 2001 年至 2015 年中东欧各国与欧盟一体化程度的变化趋势及相互之间绝对值的比较。

　　对上述中东欧国家与欧盟一体化指数的结果分析总结如下：

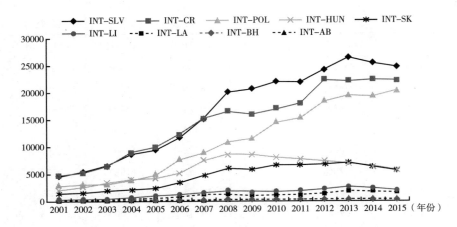

图 4 - 1　中东欧九国与欧盟一体化综合指数线性图

第一，2001～2015 年，总体上中东欧国家与欧盟的经济一体化指数呈递增趋势，但是 2008 年是个重要的转折点。匈牙利自 2008 年以来与欧盟的经济一体化指数一直呈递减趋势（从 8682 降至 5670）。捷克、立陶宛、拉脱维亚、波黑及阿尔巴尼亚与欧盟经济一体化指数在 2008 年之后先是有所下降，之后出现反弹，并至今保持了上升的趋势。值得一提的是，波兰在 2008 年之后与欧盟的一体化指数上升趋势加快，从 10910 升至 20374。

第二，从入盟前后的变化来看，总体上，入盟后一体化程度的增幅明显高于入盟前，特别是斯洛文尼亚、波兰、捷克。但是，立陶宛、拉脱维亚在 2007 年入盟后一体化指数的增幅较比入盟之前明显减弱。

第三，中东欧各国与欧盟经济一体化指数的差距较大。以 2015 年一体化指数值为衡量标准，从高到低依次是：斯洛文尼亚、捷克、波兰、匈牙利、斯洛伐克、立陶宛、拉脱维亚、阿尔巴尼亚、波黑。最高的是斯洛文尼亚，始终领跑于其他中东欧国家（从 2001 年的 4593 升至 2015 年的 24763），而波黑的一体化指数最低（从 2001 年的 161 升至 2015 年的 310），两者相差近 79 倍。

值得注意的是，入盟但未加入欧元区的捷克的初始值为最高，达4756，其次为入盟且加入欧元区的斯洛文尼亚，2004 年入盟时二者的顺序没有发生变化，但是，2004 年之后斯洛文尼亚的一体化指数迅速增加，至 2008 年国际金融危机之前已经明显超过捷克（20049 对 16461）。

第四，各国一体化指数中，贸易指数、金融指数、人口流动指数及通信联系指数四大类的指数排名先后不同。斯洛文尼亚的顺序依次为金融指数、人口流动指数、通信联系指数、贸易指数，换言之，斯洛文尼亚与欧盟的金融一体化指数最高，而贸易一体化指数最低。捷克初期通信联系指数最高，但入盟后金融指数上升迅速，于 2006 年跃居第一位，其次为通信联系指数、贸易指数、人口流动指数；2008 年之后通信联系指数持续下降，人口流动指数呈现下降抑或是停止的态势。匈牙利的顺序为：金融指数、通信联系指数、贸易指数、人口流动指数，2004 年入盟后，除人口流动指数之外的各类指数均明显上升，增幅最大的为金融指数。波兰初始值依次为：通信联系指数、金融指数、贸易指数、人口流动指数，2004 年入盟后，金融指数上升迅速，并且在 2008 年之后持续上升，于 2010 年超过通信联系指数；贸易指数同样在入盟后保持了持续上升的趋势。

斯洛伐克的初始顺序为金融指数、通信联系指数、贸易指数和人口流动指数，但入盟时通信联系指数已经超过金融指数，之后始终领先于金融、贸易及人口流动指数。立陶宛初始顺序依次为通信联系指数、贸易指数、金融指数和人口流动指数，入盟时及之后金融指数上升迅速，2001 年金融指数为通信联系指数的二分之一，至 2015 年已是通信联系指数的二倍。拉脱维亚初始顺序依次为通信联系指数、贸易指数、金融指数和人口流动指数，入盟后金融指数迅速上升，2008 年远远超过通信联系指数跃居第一位；之后虽有所下降，但 2012 ~ 2013 年出现较大幅度上升；2014 ~ 2015 年又出现明显下降。

波黑总体上各类指数的变化不大，初始顺序依次为贸易指数、通信联系指数、人口流动指数和金融指数，2009年金融指数超过通信联系指数，2010年金融指数超过贸易指数跃居第一位，其次为贸易指数、通信联系指数、人口流动指数。阿尔巴尼亚的初始顺序为通信联系指数、人口流动指数、贸易指数和金融指数，2006年金融指数超过通信联系指数和贸易指数迅速上升，2015年顺序依次为金融指数、贸易指数、通信联系指数及人口流动指数。

总体来看，中东欧国家与欧盟经济一体化进程中，金融一体化的程度最高，其次为通信联系指数，再次为贸易指数，最后为人口流动指数。

第三节　经济增长效应的实证分析

1. 经济增长模型的建立

我们设定规模收益不变的柯布—道格拉斯生产函数如下：

$$Y = AK^{\alpha}L^{1-\alpha} \tag{1}$$

式（1）中 Y 是总产出，K 是资本，L 是劳动力，A 是全要素生产率；式（1）也可写成人均产出的生产函数形式：

$$y = Ak^{\alpha} \tag{2}$$

其中 $y = Y/L$，即按劳动力平均的人均产出（以下简称人均产出）；$k = K/L$，即按劳动力平均的人均资本（以下简称人均资本）。

我们知道经济一体化是促进中东欧国家和欧盟经济增长的一个重要因素，因此，我们将"中东欧国家与欧盟经济一体化指数"（INT）作为一个自变量引入式（2），得到：

$$y = Ak^{\alpha}INT^{1-\beta} \tag{3}$$

将上式写作自然对数形式，得到：

$$\ln y = \ln A + \alpha \ln k + \beta \ln INT \tag{4}$$

上式中 α、β 分别表示 y 对 k，INT 的偏弹性。式（3）中的"中东欧国家与欧盟经济一体化指数"（INT 指数）将作为解释变量，在本研究中回归方程中的 β 值代表经济一体化的增长效应程度。

2. 数据说明

上述计量模型中，中东欧国家的总产出 Y 采用国内生产总值 GDP[①]。资本总量 K[②] 是支出法 GDP 中的固定资产形成总额与存货变化之和。劳动力总数 L 包括所有年满 15 周岁、符合国际劳工组织对从事经济活动人口所作定义的群体[③]：该 L 原始数据来源于 UNCTAD 官网。由于 UNCTAD 数据库中只有对各国固定资产形成总额与存货变化之和，本研究所收集到的只有 2001 ~ 2014 年的数据记录，所以此部分经济增长效应分析的样本范围是2001 ~ 2014 年。

3. 回归结果及其分析

根据原始数据和计算出的一体化综合指数（INT 指数值），利用 Stata12.0 统计软件，采用最小二乘法 OLS，对中东欧 9 国的人均产出、人均资本、一体化指数（INT 指数）的关系进行回归[④]，得到中东欧 9 国一体化指数与人均 GDP 的相关系数（见表 4 - 5）。

---

① 国内生产总值 GDP 是指按支出法计算的和 2005 年不变价百万美元计量的中东欧各国 GDP 值，数据来源于 UNCTAD 官网。
② 资本总量 K 按 2005 年不变价百万美元度量，数据来源于 UNCTAD 官网。
③ 引自世界银行定义。
④ 由于篇幅限制，计量所用原始数据请咨询作者。

表 4 – 5　一体化综合指数与人均 GDP 相关系数

SLV	SK	POL	HUN	CR
0. 0979423	0. 2501453	0. 1635433	0. 1124316	0. 1266298
LI	LA	BH	AB	—
0. 1723069	0. 1410581	0. 2952325	0. 1905397	—

为使数据体现得更为直观，根据表 4 – 5 各国 INT 指数与人均 GDP 的相关系数，利用 Excel 软件绘制出图 4 – 2。

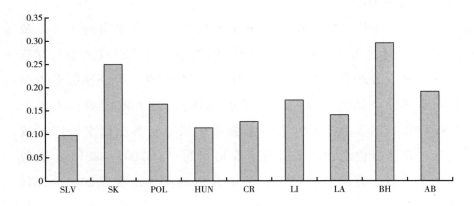

图 4 – 2　一体化综合指数与人均 GDP 相关系数

总体上，中东欧国家在入盟进程中，与欧盟经济一体化程度对其经济增长产生了明显的正效应；但是，一体化进程对各国经济增长的推动程度不尽相同。

从表 4 – 5 的相关系数可知，其中，与欧盟的一体化程度每深化 1%，斯洛伐克的人均 GDP 增长 0. 25%，波兰增长 0. 16%，捷克增长 0. 13%，匈牙利增长 0. 11%，斯洛文尼亚增长 0. 098%，立陶宛增长 0. 17%；拉脱维亚增长 0. 14%，波黑增长 0. 30%，阿尔巴尼亚增长 0. 19%。

可见，波黑与欧盟经济一体化的增长效应最为明显，然后依次为斯洛伐克、阿尔巴尼亚、立陶宛、波兰、拉脱维亚、捷克、匈牙利、斯洛文尼亚。这里出现了一个有趣的现象，也是一个悖论，即与欧盟一体化程度最高的斯洛文尼亚的增长效应最不明显，而波黑，作为与欧盟一体化程度最低的国家，其增长效应却最大。这很大程度上符合边际理论的递减规律，当然经济发展水平低并不是一体化增长效应高的充分条件，一体化水平的提高能否有效带动经济增长与相应国家的基础设施、制度环境及其他经济发展条件相关，对此需要进行更加综合而全面的分析。此外，本研究认为形成上述增长效应的原因也包括以下因素：

第一，转型前中东欧各国的经济状况差异较大。比如波兰、斯洛文尼亚等国家的经济总量、人均 GDP 和增长速度都优于其他中东欧国家，各国转型起点的差异明显会影响到其转型效果，同样也影响到与欧盟一体化程度的深化所带来的经济增长效果。

第二，在一些中东欧国家转型初期，解决经济衰退这一难题被视为优先解决目标，但制度建设并没有被放在整个转型战略中最首要的位置。25 年过去了，从对这些国家的实践研究结果来看，制度建设是解决发展问题的根本途径。但一些中东欧国家在其体制转型过程中较多关注的是经济私有化改革，而制度基础及制度环境的建设明显滞后，这一影响经济增长的重要因素并没有得到足够的认识。这往往阻碍了这些国家与欧盟一体化程度的继续深化，并且也制约了一体化带来的经济增长效应。

第三，鉴于地理位置、国民意愿等因素，一些中东欧国家及其民众对于"回归欧洲"的意愿非常强烈，比如波兰、匈牙利、捷克等一批早在 1993 年就与欧盟签订了《欧洲协定》的国家。但另外一些国家在地理位置上距离西欧较远，并且国民对于入盟并没有强烈的意愿。这也是这些中东欧国家与欧盟的一体化指数及经济增长效应出现较大差异的原因之一。

综上所述，中东欧国家间的转型效果存在较大差异，但如果将其与独联体国家来比较，中东欧国家的整体转型效果还是不错的。抛开中东欧国家优越的地理位置、地缘政治经济条件以及强烈的"回归欧洲"意愿，欧盟对中东欧国家采取的设定入盟门槛以及对部分国家提供经济支援等政策，从正反两方面促进了其经济发展。所以，在中东欧国家近25年的发展历程中，欧盟这一外部约束条件既促进了其发展也见证了其发展历程。

第五章 入盟对中东欧国家产业结构的影响

第一节 中东欧各国产业结构的初始条件

1. 中东欧国家产业结构的初始条件

（1）中东欧国家传统产业结构的形成

转型之前中东欧国家实行的是集中管理式的计划经济，这一体制下的产业结构的形成带有人为性。一方面，传统的集中计划经济发展模式本身很大程度上是服务于其集权性质的政治体制，在这一体制下产业结构如何布局，并不完全是依据资源禀赋和市场供需来决定，很大程度上是根据政治目标而设定，比如出于国家安全的需要而优先发展军事工业为主的重工业，而与居民生活有关的消费品行业的生产则严重滞后，等等。而且，原计划经济国家建立计划经济之初都处于落后的发展阶段，集中有限资源、统一布局和计划管理的计划经济体制，应该说是适应于这些后发国家尽快实现工业化、追赶老工业化国家的发展目标；反之，依据市场力量则难以实现这些目标。

另一方面，对于中东欧国家而言，还有一个因素需要强调，就是其产业结构布局并不完全是本国自主决定的，而是要置于以苏联为主导的经互会大家庭内、按照社会主义经济一体化的专业化生产及统一分配布局来制定。[①] 经互会对机器、设备、造船工业、有色金属和非有色金属工业在经互会成员国间进行分工，例如石油提炼设备的生产分配给苏联和罗马尼亚；化学工业设备生产分配给东德和捷克斯洛伐克；保加利亚、匈牙利、东德、波兰和捷克斯洛伐克联合建设了设在苏联的磷矿选矿厂等。经互会还成立了国际经济合作银行，作为经互会成员国间结算的金融信贷机构，用于成员国生产专业化、产业合作、贸易联系及国际支付等一体化协作。[②] 特别是1971年通过的《经互会成员国进一步加深与完善合作和发展社会主义经济一体化综合纲要》，使得经互会成员国在工业生产专业化和协作方面的一体化合作更加深入，经互会框架下的成员国间的经济联系也更加紧密；换言之，作为经互会的成员，东欧各国间形成了统一的产业链条，其中一个链条如果出现断裂，则导致链条上的其他国家的生产出现问题。20世纪80年代初波兰因为原料供应问题和资金问题爆发了经济危机，结果导致整个经互会内供货秩序遭到破坏，由此可见，由于经互会成员国之间产业的紧密联系，一旦某个国家的经济出现危机，则可能导致经互会成员国整体性危机。

尽管以苏联为主导的经互会经济一体化制约了东欧国家的自主性发展，但不能忽视的是，在这一集中计划经济体制下中东欧国家的工业化水平取得了迅速发展，较比之前未加入苏东社会主义阵营时作为欧洲的落后国家，经过社会主义计划经济时期的发展，中东欧国家的经济社会发展水平有了明显的提高，由之前落后的农业国

---

① 经济互助委员会（简称经互会）成立于1949年4月，于1991年6月解散。经互会正式成立之前，1947年下半年中东欧国家就与苏联签署了一系列经济协定（"莫洛托夫计划"），迅速促进了东欧国家与苏联的贸易联系，为经互会的成立奠定了重要基础。

② 贾瑞霞：《中东欧国家区域经济合作转型》，中国发展出版社，2013，第35~36页。

或农业—工业国发展为工业化国家。[①] 此外，社会主义计划经济体制下经济尽管不够发达，但相对完善、人人有其享的社会保障体系也是该体制下东欧国家曾经的福利。

处于集中计划经济体制和经互会制度下，中东欧国家产业结构出现了计划经济国家普遍存在的问题，这就是所谓的"短缺经济"[②]。其突出表现是与居民生活相关的消费品和服务的供给严重短缺，第三产业服务业相比第二产业工业的发展严重落后等。随着经济不断发展，短缺经济的弊端越加严重，因此造成的潜在通货膨胀压力也不断加大，产业结构畸形的弊端越加显露。到了 20 世纪 80 年代后期，东欧各国的经济都普遍出现了问题。首先是国有企业的规模过于庞大，这直接导致了整个经济环境的效率低；其次是商品价格受到严格管制，使得价格不能反映商品的稀缺性，不能按照市场的需求准确地进行资源配置；当然，最为重要的就是，中东欧各国重化工业过重而轻工业过轻的畸形发展模式。

（2）中东欧国家传统产业结构的特点

本章选取波兰、匈牙利、捷克、斯洛伐克、斯洛文尼亚、拉脱维亚、爱沙尼亚、立陶宛八个具有代表性的国家作为研究对象，对

---

① 根据 1959 年通过的《经济互助委员会章程》，及 1962 年的修订，经互会的宗旨是："通过联合与协调各成员国的力量，促进成员国国民经济有计划发展，加速其技术进步，提高工业不够发达的国家的工业化水平，不断提高成员国的劳动生产率和人民福利。经互会遵循成员国主权平等、不干涉各国内政的原则，相互开展经济合作和科技合作。" Н. В. Фадеев，Совет Эномической Взаимомоши，*Экономика*，Москва，1974，с. 45、转引自贾瑞霞《中东欧国家区域经济合作转型》，中国发展出版社，2013，第 33～34 页。

② 短缺经济 shortage economy 是指经济发展中产品和服务的供给不能满足有支付能力的需求的一种经济现象，主要是与居民生活相关的消费品的生产和服务不足。短缺经济是传统计划经济体制下运行中存在的普遍现象。造成短缺经济的重要原因是传统计划经济国家优先发展重工业的发展战略，而根本原因是传统计划经济体制具有再生短缺的能力，其中利润刺激的削弱、企业的预算约束软化、臃肿的官僚机构、对企业的大量的行政控制等是造成短缺经济的真正原因。"短缺经济"最早由匈牙利经济学家雅诺什·科尔奈提出并著有《短缺经济学》一书（张晓光、李振宁、黄卫平译，经济科学出版社，1986。）。

其传统产业结构进行详细介绍。我们采用 NACE（欧洲共同体内部经济活动一般产业分类）的产业分类标准，详细分类见表5-1。

表5-1　本研究中三次产业的划分

	行业
农　业	农业,狩猎业和林业(A);渔业(B)
工　业	采矿及采石(C);制造业(D);电、煤气和水的供应(E);建筑业(F);批发、零售和修理业(G)
服务业	旅馆和餐馆(H);运输、仓储和通信(I);金融中介(J);房地产、租赁业(K);公共管理和国防(L);教育(M);保健和社会工作(N);社会和个人服务(O);家庭雇工(P);境外组织和机构(Q)

根据2009年欧洲统计局的数据，我们总结了上述八个国家1995年的产业结构，将其视为中东欧国家入盟之前产业结构的初始状态。

第一，入盟前匈牙利产业结构的优势明显。在经历政治剧变之后，匈牙利传统农业遭受危机，直到1995年左右才开始恢复。根据欧盟统计局的资料，1995年匈牙利的三次产业结构如图5-1所示，农业产值的比重占8%，工业为主导产业，占55%，服务业占37%。

匈牙利的农业是其传统优势产业，主要包括种植业和畜牧业，渔业的贡献率在1995年时不足1%。匈牙利种植业主要以生产粮食、油料、蔬菜、水果和葡萄为主，畜牧业则以养牛、养猪和养家禽为主，而且匈牙利历来重视农业出口贸易，其农产品出口对全国外贸总出口的贡献也很大，1995年农产品的出口占全国总出口的25%左右。

由图5-1可以看出，匈牙利的工业是国民生产的支柱行业，具体到主导产业则是制造业（D，35%）与批发、零售和修理业

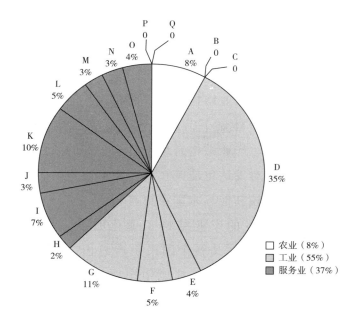

图 5-1　1995 年匈牙利各行业占比

资料来源：欧洲统计局。

（G，11%）。其中农副食品和烟草加工业在 1995 年占比最大，占到制造业（D）的 23%，其次是化学原料和化学制品制造业，其占制造业（D）的 9%，然后是金属制品业和机动车、拖车制造业，均占制造业（D）的 7%。通过数据我们还可以发现，虽然 20世纪 90 年代中期的电子和汽车制造业还不是匈牙利的主导产业，但已经开始占据制造业的一席之地，这两个产业在之后匈牙利的经济发展中起到了至关重要的作用，并处于世界领先水平。批发、零售和修理行业（G），主要指的是批发贸易和合作贸易（除了汽车和摩托车），占 G 行业的 45%，其次为零售贸易（除了汽车、摩托车和修理家用物品），占 G 行业的 44%。

服务业方面，主要产业是房地产、租赁及其商业活动行业（K）以及运输、仓储和通信行业（I），分别占到国民生产总值的 10% 和 7%。随着经济全球化的发展以及电子时代的到来，匈牙利的这两个行业得到迅速发展，为匈牙利服务业比重的提高、整体产业结构优化升级做出了巨大贡献。

总的来看，入盟前匈牙利的三次产业结构是"二三一"的形态，这反映了匈牙利在产业结构优化方面相比其他原苏东国家要好得多，即使在计划经济体制下，其第三产业也已经有了迅速的发展，这为其加入欧盟、产业结构升级创造了较好的条件。当然，匈牙利三产服务业的相对发达也使其在遏制隐形通货膨胀、防止转型后大规模失业等方面较其他苏东国家更有利。

第二，入盟前波兰的产业结构工业化明显。相比大多数中东欧国家，波兰的农业在其整个国民生产总值中占有重要地位，是一个传统农业国家，同时与其他中东欧国家不同的是，波兰在第二次世界大战后一直保留着土地私有化，没有完全实行土地集体所有制的农村合作社，这也导致了波兰的个体经济在农业中占有重要地位。从图 5 - 2 可以得出，1995 年的波兰农业产值占总产值的 9% ，工业产值占总产值的 62% ，服务业产值只占总产值的 29% 。

波兰农业中，渔业的产值占总产值的 1% ，99% 的产值贡献来自农、林、牧业，而这 99% 中有 94% 来自种植业和畜牧业。波兰是世界上主要的食品生产国，其农畜产品主要有：小麦、黑麦、大麦、燕麦、土豆、胡萝卜、甜菜、白菜、食油、烟草、水果、奶和奶制品、鸡和鸡蛋、各种肉类及其制品，多个产业在产量方面都居世界前列。同时波兰还是世界上最大的苹果出口国，也是浆果和胡萝卜的重要产地之一。

具体到工业内部各个行业，1995 年的统计数据显示，制造业（D）仍是主导产业，其产值占国民生产总值的 32% ，其次是批发、零售贸易（G），其产值占总产值的 15% ；建筑业（F），产值占总产值的 8% ；剩下的电、煤和水的供应（E）和采矿采石（C）的产值分别占总产值的 4% 和 3% 。在制造业（D）内部，食物和

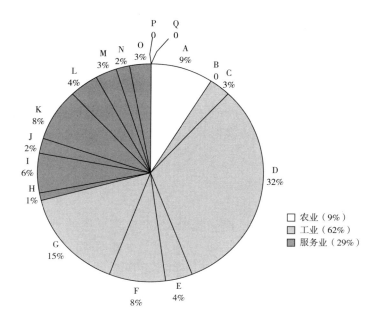

图 5 - 2　1995 年波兰各行业占比

资料来源：欧洲统计局。

饮料制造业的产值是最高的，占制造业总产值的 23%；其次是化学、化工产品制造业，这是波兰经济的优势产业之一，和金属制品业相同，产值均占制造业总产值的 8%；之后为机械制造业，产值也较高，波兰采矿机械行业基础较好，在国际市场上具有一定的竞争力，1995 年其产值达到制造业（D）的 7%。

服务业中占主导地位的是房地产、租赁业（K）和运输、仓储、通信业（I），其产值分别占国民生产总值的 8% 和 6%。具体到各个下属产业，房地产的贡献率占了房地产、租赁业（K）的39%，第二大贡献产业是法律、技术和广告业，占 27%。而在运输、仓储和通信产业（I）中，产值排在前三位的分别是内陆运输、旅游业和邮电业，其产值分别占服务业总产值的 49%、21%和 21%。波兰的旅游业成为转型后的新兴产业之一，20 世纪 90年代初，波兰就已经开始将旅游业作为国民经济的一个产业进行规划发展，并在 1995 年开始建立旅游统计体系，为以后波兰旅游业的高速发展提供了有力保障。通信产业方面，自 1994 年开始，波兰的电信业开始迅速发展，并初步实现了电信产品的贸易自由化。

总体来看，波兰的产业结构呈现"二三一"的形态，其中工业比重偏高，而第三产业服务业则相对不足，其产业结构的优化明显不如匈牙利。

第三，捷克的产业结构。1991 年捷克斯洛伐克解体、捷克共和国独立，至 1994 年四年期间捷克经济遭遇了严峻的挑战与发展困境。直至 1994 年，才开始恢复增长，增幅达到了 4%。1995～1996 年其经济市场化转型取得迅速发展，基本完成了私有化。捷克的三次产业也明显呈现"二三一"的模式，如图 5-3 所示，1995 年捷克国民生产总值中，4% 来自农业，63% 来自工业，33%来自服务业。

很明显，捷克的三次产业比例看起来更加优化。捷克的农业在国民生产中不占有优势，在农业内部，农、林、牧业（A）占总农业产值的 99%，其中农业占 A 产值的 81%，渔业占 19%。农业具体包括种植业和畜牧业，主要包括谷物、经济作物、饲料作物、马铃薯、蔬菜、水果、葡萄以及啤酒花等。捷克的啤酒花种植技术在世界享有盛名，捷克一些地区生产的啤酒花达到了世界优等啤酒花的标准。畜牧业则主要是食用肉类，包括猪、牛、禽类及乳制品等。

工业方面，捷克在入盟初期的支柱行业仍然是工业，属于传统的工业国，其中更以制造业（D）为主导产业，约占国民生产总值的 36%，其次分别是建筑业（F）10%，批发、零售和修理业（G）占 9%，电、煤和水的供应（E）只占了约 6%。在制造业内部（D），与波兰类似，其支柱行业是食物和饮料加工业、金属制品业、机械制造业，产值分别占制造业总产值的 16%、11%、

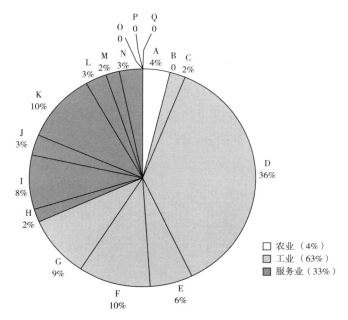

图 5 - 3　1995 年捷克各产业占比

资料来源：欧洲统计局。

9%。此外有色金属加工业也比较发达，占制造业总产值的 8%。捷克的传统制造业是汽车工业及其设备制造业和电气电子工业，这些产业发展历史悠久，其技术均处于世界领先水平和具有较强的国际竞争力，在捷克贸易乃至整个经济社会发展中都起到了举足轻重的作用。

相比其他中东欧国家，在三次产业比重中，捷克共和国服务业的占比较高，在入盟之前就已占到了总产值的 33%，相对来说，捷克共和国的转型基础更好。同波兰相似，捷克服务业中以房地产、租赁业（K）和运输、仓储、通信（I）两个行业最为发达，分别占总产值的 10% 和 8%。房地产、租赁业（K）中其他经济活动的附加值占到 34%；房地产产值占 31%；技术和广告附加值占22%。运输、仓储和通信行业（I）中，旅游业附加值占 35%，可以看出，捷克对旅游业发展的重视程度；其次是内陆运输附加值，占 43%；邮电仅占 17%。

第四，入盟前斯洛伐克的产业结构分析。斯洛伐克的产业在20世纪90年代中期仍延续着政治剧变之前计划经济时期的产业格局，明显地以工业为主导产业，产值占国民生产总值的63%，服务业产值占31%，而农业相比前面其他维谢格拉德集团国家来说占比较高，农业也是斯洛伐克的优势产业，其产值在1995年时占国民生产总值的6%（见图5－4）。

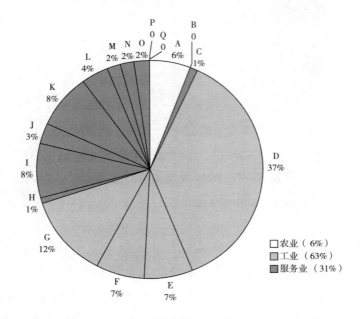

图5－4　1995年斯洛伐克各产业占比

资料来源：欧洲统计局。

作为斯洛伐克优势产业的农业，虽然在经济转型后的几年时间里一直处于生产下降的趋势，但是在斯洛伐克转型初期农业仍然对其经济发展起到了重要的支撑作用。斯洛伐克的农业99.9%来自农、林、牧业，其中87%来自种植业和畜牧业，13%来自林业。其主要农作物有小麦、大麦、玉米、土豆、甜菜、葡萄等，在畜牧业方面，猪、牛、羊和家禽的饲养，以及奶制品的生产都具有较高水平。

工业方面，如图 5 - 4 所示，主导行业同样是制造业（D），其产值占国民生产总值的 37%，其次是批发和零售贸易，其产值占国民生产总值的 12%。具体而言，转型初期斯洛伐克制造业中产值较高的行业是金属制品业、食物和饮料制造业与化学、化工产品制造业，其产值分别占制造业（D）产值的 15%、14% 和 10%。汽车制造业和电子业也是斯洛伐克的优势产业，在其融入欧洲乃至世界经济一体化进程中起到了支柱性的作用。同时，由于矿产资源丰富，斯洛伐克的冶金和机械制造业也比较发达，其产值贡献率也较高。

服务业方面，在 31% 的产值比重当中，有 16% 的产值来自房地产、租赁业（K）与运输、仓储和通信业（I）。房地产、租赁业（K）中 57% 的产值来自房地产，25% 的产值来自其他业务活动；运输、仓储和通信（I）中 66% 的产值来自内陆运输，32% 来自旅游业和邮电业。旅游业作为斯洛伐克的特色产业，是斯洛伐克财政收入的重要来源，因而是其重点扶持的产业，在斯洛伐克经济社会恢复发展中起到了重要作用。

第五，入盟前斯洛文尼亚的产业结构分析。斯洛文尼亚的产业分布同样是典型的"二三一"模式，如图 5 - 5 所示，20 世纪 90 年代中期其农业、工业和服务业的产值分别占国民生产总值的 4%、60% 和 36%。

20 世纪 90 年代斯洛文尼亚的经济发展水平还比较低，其农业产值略低于其他中东欧国家的普遍水平。农业中主要行业是种植业和畜牧业，其产值超过农业总产值的 94%，林业的占比则不足 6%。斯洛文尼亚的种植业品种较少，主要是马铃薯、谷类和水果等，畜牧业主要包含牛、羊、马和家禽等。

斯洛文尼亚拥有较好的工业基础，1995 年的国民生产总值中，38% 来自制造业（D），相对来说，斯洛文尼亚的制造业比较分散，其产值分布比较平均，食物和饮料制品的生产最多，但其产值只占

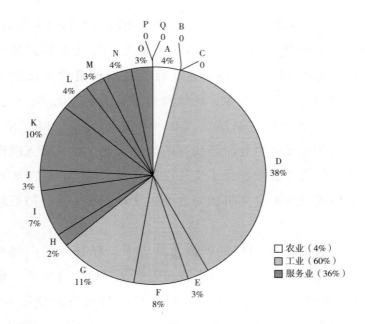

图 5 - 5　1995 年斯洛文尼亚各行业占比

资料来源：欧洲统计局。

到制造业产值的 12%；其次是化学、化工制品业，产值占 9%，再次是机械加工业、金属制品业和机动车制造业，产值均占制造业产值的 8%。工业中，有 11% 的产值来自批发和零售贸易（G），其中，47% 的产值贡献来自批发和双边贸易，35% 的产值贡献来自零售贸易（除了汽车和摩托车以及家用物品的修理）。

在服务业当中，除了房地产、租赁业（K）的贡献率比较明显之外，其他行业的产值贡献比较均匀。国民生产总值的 10% 来自房地产租赁行业，仅房地产行业的不动产产值就占到该行业的 38%。

斯洛文尼亚的经济发展在转型初期比较落后，但由于地缘政治经济因素以及文化认同等方面的原因，较比其他东欧、东南欧地区的中东欧国家都更加靠近西欧，对其经济政治转型乃至融入欧洲一体化都更加有利，因此，入盟进程中斯洛文尼亚的发展绩效也更加突出。

第六，入盟前立陶宛的产业结构分析。作为原苏联的加盟共和国之一，波罗的海国家立陶宛无论是其经济社会发展水平还是其具体的产业结构，总体上看，明显地居于靠近西欧的中东欧国家与其他原苏联加盟共和国之间。在经济转型初期，立陶宛的工农业相对都比较发达（见图5-6），但是，从产业结构优化的角度看，其发展水平则明显落后于维谢格拉德等前东欧国家，三次产业的比重尽管同样是"二三一"的模式，但农业比重相对较高，三次产业比重分别为13%、57%和30%。

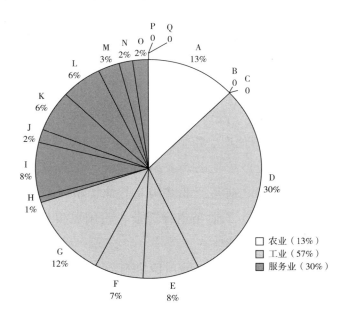

图 5-6　1995 年立陶宛各产业占比

资料来源：欧洲统计局。

立陶宛的农业比重在八个中东欧国家当中是最高的，为13%。其产值几乎全部来源于农、林、牧业（A），其中93%的产值集中于农产品的生产，在农业中，私人农场和农户的农产品产量占总量的68.8%，农业企业和公司的农产品产量占总量的31.2%。其中在农作物总产量中，农户及家庭农场占80.9%，农业公司及企业占 19.1% ；在动物产品产量中，农户和家庭农场占 55.4% ，农业公司及企业占 44.6% 。私人农场和农户主要种植谷类作物和饲养奶牛，而农业企业和公司主要从事牲畜饲养业。

在转型初期立陶宛的工业仍是支柱产业，并且建筑业（F）和煤、电和水的供应（E）相对来说比其他中东欧国家发展更快。从图 5-6 可以看出，制造业（D）的产值贡献最多，占国民生产总值的 30% ，其他三大行业零售、批发业（G），煤、电和水的供应（E）与建筑业（F）的贡献分别为 12% 、8% 和 7% 。制造业（D）内部，部门发展比较齐全，以食品加工（32%），木材加工、纺织（8%），石油化工（12%）等为主的机械制造和电子业的发展也比较迅速。

值得一提的是，第三产业服务业当中，公共管理、国防和社会保障（L）的比重较高，占到了 6% ，其他两个行业分别是运输、仓储和通信业（I）与房地产、租赁业（K），其贡献分别为 8% 和 6% 。

第七，入盟前爱沙尼亚的产业结构分析。作为波罗的海三国之一的爱沙尼亚，入盟之前其产业结构与其他转型国家类似，同样呈现"三二一"的模式，工业是主导产业，占国民生产总值的 32% ，农业占 7% ，服务业占 38% 。

爱沙尼亚的农业中，70% 的产值来自农业，30% 的产值来自林业。爱沙尼亚的渔业（B）也比较发达，其产值占农业总产值的 8% 。爱沙尼亚的森林覆盖率较高，森林资源丰富，因而其林业及木材加工业都比较发达。农业主要以畜牧业为主，主要是牛类和猪的饲养，种植业主要有小麦、黑麦、马铃薯、各种蔬菜、亚麻和饲料作物等。

工业中，制造业（D）、批发和零售贸易（G）以及建筑业（F）为爱沙尼亚的支柱行业，各行业的产值分别占国民生产总值的 32% 、10% 和 8% 。主要制造业行业包括：食品加工业（26%）、木材加工业（10%）、通信设备制造业（8%）、纺织业（7%）和

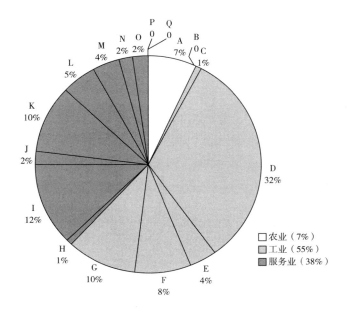

图 5 – 7　1995 年爱沙尼亚各产业占比

资料来源：欧洲统计局。

化学化工制品业（7%）。

　　第三产业服务业当中，旅游业（I）是爱沙尼亚的主要行业，为其带来 12% 的国民产值，旅游业的发展直接带动了国内旅馆和餐饮业的发展，为经济增长做出了较大贡献，也对就业等社会稳定发展起到了重要的支撑作用。此外，房地产、租赁业（K）的贡献也比较大，其产值占国民生产总值的 10%。在其后续的经济发展中，房地产的贡献更是不断增加，为国内需求的增长起到至关重要的作用。

　　第八，入盟前拉脱维亚的产业结构分析。在波罗的海三国当中，拉脱维亚的经济社会发展水平可以说是最高的，其工业产值位居第一，农业产值位居第二。20 世纪 90 年代中期，其产业结构显示出典型的"二三一"模式，但相较其他中东欧国家其服务业的比重较高，三次产业的比重分别为 11%、47% 和 42%。

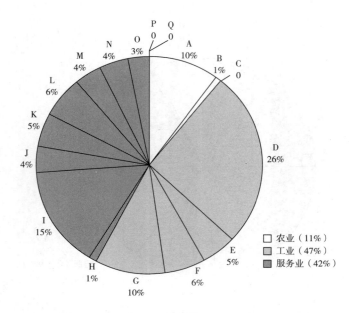

图 5 – 8   1995 年拉脱维亚各产业占比

资料来源：欧洲统计局。

1995 年拉脱维亚的农业、畜牧业和森林业的产值占国民生产总值的 11%。全国近 1/3 的人口住在农村、有 17% 的人从事农业生产。种植业以生产谷物、亚麻、甜菜、饲料和马铃薯为主；畜牧业主要是奶肉两用的养畜业、饲养牛和猪，此外，拉脱维亚的养蜂业比较发达。

在苏联时期，拉脱维亚的工业以耗金属少的机器制造业著称，其主要产品为电器、无线电、电子设备和医疗器械，为苏联其他加盟共和国进行来料加工，而成品则返销到国内。截至 1995 年，拉脱维亚工业的支柱行业仍然是制造业（D）和批发、零售业（G），主要的制造行业有木材加工业（24%）、纺织业（10%）、印刷业（8%）和化工制品业（8%）。

加入欧盟之前，拉脱维亚的第三产业服务业的比重达到了42%，相对较高。在第三产业服务业中，以旅游业（47%）、内陆运输（30%）和邮电业（17%）为主。

总体来看，入盟之前，上述八个中东欧国家的三次产业结构的分布整体趋势是一致的，即都是"二三一"的模式，但是由于每个国家内部的资源禀赋不同，其地缘政治经济环境不同，特别是在传统计划经济体制下，这些国家的经济发展与苏联及经互会的联系以及这些国家与西欧的经济联系的程度不同，导致这八个国家内部具体产业的分布存在差异。更靠近西欧的维谢格拉德国家，早在计划经济发展后期就已经开始了市场化的发展进程，其第三产业也已经有了很大发展；相比之下，波罗的海国家囿于苏联的管控，则发展相对落后。在未加入欧盟之前，转型初期，农业普遍依旧是中东欧国家的传统产业，而服务业作为刚刚开始起步的朝阳行业在各个国家的发展大体相似，差异主要表现在工业内部。

中东欧国家制造业普遍集中的行业是食品、饮料加工和化学、化工制品业。除了这两个行业，具体到各个国家制造业内部，1995年，匈牙利制造业其他的优势产业主要集中在烟草加工、金属制品业和机动车制造业，建筑业是中东欧八个国家中发展最缓慢、起步较晚的行业。波兰制造业其他的优势产业主要集中在金属制品业和机械制造业。捷克制造业的其他优势产业基本与波兰一样，其中技术处于世界领先水平的汽车及设备制造业和电子工业都为捷克后续的经济发展奠定了坚实的基础。斯洛伐克制造业其他的优势产业主要集中在金属制品业，由于资源丰富，其冶金和机械制造业也是优势产业，同时，也包含汽车制造业和电子业。斯洛文尼亚的机械加工业、金属制品业和汽车制造业具有主导优势。立陶宛、爱沙尼亚、拉脱维亚三个波罗的海国家由于森林覆盖率较高，木材加工业明显较其他国家发达，同时，立陶宛制造业的其他优势产业以及纺织业、石油化工业、机械制造业和电子业也在迅速地发展。爱沙尼亚制造业其他的优势产业还有通信设备制造业和纺织业。拉脱维亚制造业其他的优势产业则有纺织业、印刷业和化工制品业。

第二节　入盟后中东欧各国产业结构的演变

1. 中东欧国家三次产业产值演变的总体分析

（1）农业（增加值）[①] 发展趋势

农业是国民经济发展的基础，是人类抵御自然威胁和赖以生存的根本。社会生产的发展始于农业，在农业发展的基础上才有工业的产生和发展，只有在农业和工业发展的基础上，才会有第三产业的发展。在中东欧国家准备加入欧盟的整个过程中，长达十多年的时间里，欧盟和中东欧国家对农业的发展给予充分的重视，制定了专门的共同农业政策[②]以及提供专项基金援助中东欧各国农业的发展。

图 5 - 9 显示了中东欧各国自转型后农业净产出的变化，总体而言，各国农业的产出维持平稳，如立陶宛、斯洛文尼亚、爱沙尼亚和拉脱维亚四国，虽然在转型初期农业受到政治剧变和改革的影响而有所下降，但自 1999 年之后趋于平稳，并开始恢复增长。波兰、匈牙利、捷克和斯洛伐克四国的农业净产出虽然总体上是上升趋势，但是其过程是曲折的。

图 5 - 9 显示，波兰是欧洲的农业大国，1995 ~ 2013 年，波兰农业净产出远远高于其他 7 个中东欧国家。但是由于农业生产方式落后，加之转型与经互会解散等因素影响，农业及林业产值占波兰 GDP 的比重也一直呈现下降的趋势。但 2004 年入盟后，随着欧盟统

---

① 农业按照《国际标准行业分类》包括林业、狩猎和渔业以及作物耕种和畜牧生产。增加值为所有产出相加再减去中间投入得出的部门的净产出，这种计算方法未扣除装配式资产的折旧或自然资源的损耗和退化。按 2005 年不变价美元计算。

② 欧盟共同农业政策（Common Agriculture Policy，CAP）是在欧共体共同农业政策的基础上形成的。它是欧共体的两大支柱之一，由一整套规则和机制所组成，是欧盟最重要的共同政策之一，主要目的是用来规范欧盟内部农产品的生产、贸易和加工。共同农业政策的最大特点是：对内实行价格支持，对外实行贸易保护。

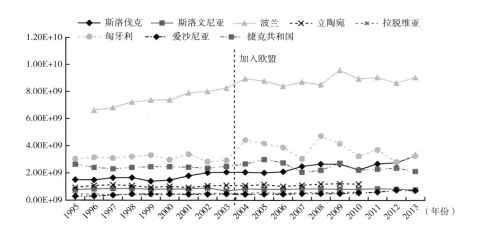

图 5 – 9　中东欧各国农业净产出变化：1995 ~ 2013 年

资料来源：世界银行。

一农业政策的实施，耕种得到欧盟结构基金的直接补贴，农业生产进入现代化。同时，入盟后市场的扩大和农产品价格的上涨，也推动了波兰农业部门的进一步发展，其占比有所回升。

匈牙利的农业净产出可以说是变化频繁、起伏较大。匈牙利从20 世纪 80 年代就已经开始研究和生产有机农产品，1996 年启动加入欧盟进程后，匈牙利被欧盟接纳为有机农产品生产第三国，意味着匈牙利可向欧盟国家直接出口有机农产品，这极大地刺激了匈牙利有机农产品的生产，其出口迅速增长。2004 年匈牙利加入欧盟后，其有机农产品获得了可豁免关税直接出口欧盟所有成员国的资格，这进一步推动了匈牙利有机农产品的生产及出口，也直接刺激了匈牙利农业产值的增加。同时，由于匈牙利有机农产品的 90%是用于出口，因而其农业的发展与国际经济环境息息相关，对外需形成依赖。由图 5 – 9 可以看出，在 2007 年、2008 年全球金融危机以及之后爆发的欧元区债务危机导致欧元区经济低迷期间，匈牙利农业净产值都出现了明显的下降趋势。

捷克的农业发展情况与匈牙利极为相似，其重点也是生产有机农产品，因此从图 5-9 可以看出，捷克农业净产值的波动情况也与匈牙利极为相似。

斯洛伐克在经济转型之初，由于不少农民企业家缺乏足够的资金购买机械、种子和农药等必要的农业生产资料，而有偿付能力的外需则表现不足，其农业生产出现了衰退，农牧业生产率也下降了一半左右。虽然斯洛伐克政府采取了一系列措施来扭转农业生产下降这一趋势，但是仅仅是减缓了这一趋势，情况并没有得到根本性的改善。到 1999 年，斯洛伐克农业产值比 1990 年下降了 35%。2004 年加入欧盟后，斯洛伐克农业净产值持续增加，主要是因为在得到援助基金的前提下，其更加重视地区发展政策及生产结构的调整。斯洛伐克在 2007~2013 年用于农村发展计划的预算共计 53.7 亿欧元，其中 98% 的资金投入到农业聚集区，而 2% 投入到非农业聚集区。

表 5-2　2007~2013 年斯洛伐克获得欧洲农业担保基金的分配数额

单位：欧元

类别	政府资金	欧洲农业担保基金金额
提升农业竞争力	835427149	620366695
改善环境与农村空间	1242076174	984709039
乡村生活质量与经济多样化	358040205	265871440
农村经济发展行动联系计划	74524570	59082542
其他	52517816	39388362
总　计	2562585914	1969418078

资料来源：斯洛伐克农业部。

（2）工业（增加值）[①] 发展趋势

工业是唯一生产现代化劳动手段的部门，它决定着国民经济现

———————

① 工业与 ISIC 第 10~45 项相对应，并包括制造业（ISIC 第 15~37 项）。其中包括采矿业、制造业（同时作为独立组别予以公布）、建筑业、电力、水和天然气行业中的增加值。增加值为所有产出相加再减去中间投入得出的部门的净产出。这种计算方法未扣除装配式资产的折旧或自然资源的损耗和退化。数据按 2005 年不变价美元计算。

代化的速度、规模和水平，无论任何时期都在世界各国国民经济中起着主导性的作用。工业还为自身和国民经济其他部门提供原材料、燃料和动力，为居民的物质和文化生活提供工业消费品；它还是国家财政收入的主要来源，是国家经济自主、政治独立、国防现代化的根本保证，工业发展水平是考量一国经济实力的最重要指标。

工业作为国民产值的主要贡献者，在中东欧国家转型初期占据了主导地位，并在整个加入欧盟的进程中保持了增长的势头。由图5-10可以看出，加入欧盟之后，中东欧各国的工业进入了加速增长的阶段。从工业产值来看，八个中东欧国家中，工业较发达的分别是波兰、捷克、匈牙利和斯洛伐克四国。

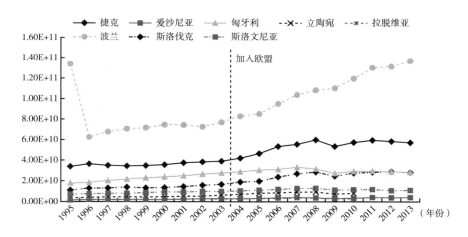

图 5-10　中东欧各国工业净产值变化：1995~2013 年

资料来源：世界银行。

波兰是中东欧地区公认的经济强国，工业在波兰经济发展过程中更是占据了绝对的主导地位。经济转型后，随着整体经济秩序的逐渐恢复，波兰的工业也自1992年开始恢复增长。由图5-10可以看出，1995年之后波兰工业一直保持着高产值、高增长的趋势，除了2001年和2002年，波兰经济遭遇了自经济转型后的最低迷时

期，即使在欧洲陷入债务危机的时候其经济受到的破坏也不及
2001～2002 年其经济遭遇的困境。

波兰工业的持续增长除了归功于其传统的重工业基础之外，最
主要的原因还是加入欧盟。成功加入欧盟后，波兰一直是欧盟援助
基金的最大受益国，根据波兰经济部提供的数据，2007～2013 年，
波兰从欧盟获得的财政补贴达 973 亿欧元，波兰还从欧盟获得各类
援助基金 856 亿欧元。巨额欧盟资金极大地推动了波兰的经济发
展。同时，由于入盟后波兰实施与欧盟国家相同的贸易壁垒政策，
波兰的出口在入盟之后明显增加，尤其是制造业的出口，据波兰信
息和外国投资局调查统计，2012 年的波兰制造业有 50% 的收入来
自出口。

工业是捷克的支柱产业，2014 年捷克工业在整个经济产值中
所占比重居欧盟首位，工业产值占国民生产总值的三分之一，是欧
盟成员国中最依赖工业的国家之一。由图 5 - 10 可以看出，捷克的
工业产值在中东欧国家中比较靠前。制造业是捷克的传统工业部
门，汽车制造业、电子工业和机器设备制造业都有着悠久的历史和
传统。其中汽车产业早在 2012 年就形成了密集的产业链，是世界
上汽车制造、设计与研发集中程度最高的国家之一。捷克也是出口
依赖程度很高的国家，欧委会发布的《2014 年欧洲竞争力报告》
指出，捷克出口所占 GDP 的比重由 2008 年的 64.4% 增长到 2013
年的 78.6%，其中有 80% 的产品出口到其他欧盟国家。[①]

匈牙利经济转型后最大的特点就是对外资的开放，其中以工业
外资引进为主，2009 年外资已占匈牙利私人经济的 35%。由图5 -
10 可以看出，1995～2007 年，匈牙利工业净产值都是稳定增长的，
原因之一是欧盟的援助基金帮助其经济改革稳定发展，原因之二是

---

① "Helping firms grow, European CompetitivenessReport 2014", *Commission Staff Working DocumentSWD* (2014) 277 final, http：//ec. europa. eu/DocsRoom/documents/6706.

外资带来的一系列增长，包括技术的革新、就业的增长和直接的产值增加。2008 年全球金融危机给匈牙利的工业发展带来了深远的影响，由于危机使得部分外国直接投资减少甚至撤资，匈牙利工业生产开始呈现下降趋势；加之随后出现的欧洲债务危机，更是将匈牙利的经济带入了泥潭。为了维持经济的增长，匈牙利政府仍是寄希望于外资，最直接的表现就是利用欧盟结构资金及本国的配套资金。在 2007 年至 2013 年，欧盟提供给匈牙利的资金达 78701.7 亿福林（1 美元约合 201 福林），其中 18288 亿福林已用于目前运行的 14 个经济发展项目。[①]

斯洛伐克由于地理位置优越，政治和经济发展比其他中东欧国家更为稳定，自 2004 年加入欧盟后，已成为欧盟 27 个成员国中经济增长速度最快的国家之一。工业是斯洛伐克的支柱产业，尤其是汽车和电子制造业。除了自身发展传统优势产业外，外资的大量引进也成为斯洛伐克工业增长的主要助推器。尤其是汽车工业，已成为斯洛伐克发展最快的行业，1992 年斯洛伐克的汽车产量仅为 20 万辆，2011 年达到 64 万辆，而 2013 年达到 98 万辆。斯洛伐克经济增长一半依靠汽车产业，其拥有欧洲最先进的汽车组装生产线，汽车出口主要面向欧洲和中国市场（占斯洛伐克出口汽车总量的 15%）。根据斯洛伐克储蓄银行的分析研究，斯洛伐克已成为世界上每千人汽车产量最高的国家；而且，其生产的汽车除了解决国内需求外，大部分还是以出口为主。[②] 出口的大量增加得益于入盟后斯洛伐克的生产技术迅速与国际接轨，其产品的国际竞争力大大增加。整体来看，在经济转型的过程中，斯洛伐克工业在曲折中增长，当然，与其他中东欧国家一样，其经济发展受国际经济形势特别是欧盟整体经济形势的影响较大，其经济的外部依赖性突出。

---

① http：//finance. sina. com. cn/roll/20110223/08309417917. shtml.
② 资料来源：中华人民共和国商务部网站，http：//www. mofcom. gov. cn/aarticle/i/jyjl/m/201212/20121208464052. html.

1999 年和 2008 年的国际金融经济危机导致斯洛伐克的工业增长出现倒退，尤其是 2009 年其工业的增长率为 −14.45%。由图 5 − 10可以看出，2009 年的工业净产值低于前几年，虽然在 2010 年迅速出现恢复，但其增幅较比之前明显放缓，已经进入低速增长阶段，2013 年的工业净产值仅恢复至国际金融危机前的水平。

（3）服务业（附加值）① 发展趋势

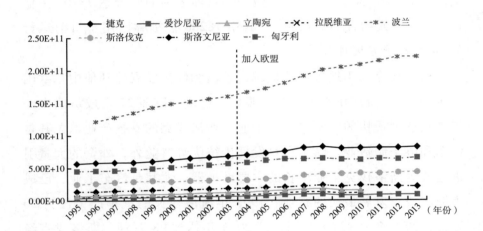

图 5 −11　中东欧各国服务业净附加值变化：1995～2013 年

资料来源：世界银行。

从服务业净附加值可以看出，波兰、捷克、匈牙利和斯洛伐克四国的净附加值远远高于其他四国，爱沙尼亚的服务业净附加值在八国中最低。服务业作为现代新兴产业，其经济地位在国民生产总值中的贡献逐渐凸显。从增加的速度看，波罗的海三国，即立陶宛、拉脱维亚和爱沙尼亚的服务业产值增长速度最快，拉脱维亚

---

① 服务业包括产生附加值的批发和零售贸易（包括酒店和饭店），运输、政府、金融、专业和个人服务，例如教育、医疗卫生及房地产服务。此外，还包括银行利息、进口税以及国家编纂机构发现的统计偏差和指标调整。增加值为所有产出相加再减去中间投入得出的部门的净产出。这种计算方法未扣除装配式资产的折旧或自然资源的损耗和退化。

2005 年服务业的增长率更是达到了 11.7%。

　　波兰服务业有两大主导行业，分别是传统行业房地产租赁业和新兴行业旅游通信业。进入 21 世纪后，全球的房地产业进入蓬勃发展时期，波兰的房地产发展随着经济全球化和加入欧盟而日渐强盛。同时波兰具有丰富的旅游资源，在 20 世纪中期波兰政府就已经开始将旅游业作为新兴行业大力扶持，先后在 1994 年、2000 年和 2006 年分别制定了《发展旅游业计划》、《波兰 2001 ~ 2006 年旅游发展规划》和《波兰 2007 ~ 2013 年旅游发展规划》。2013 年波兰旅游业的附加值达到 864 亿兹罗提，国际旅游外汇收入达 82 亿美元，分别比 2005 年增长 59% 和 30%，旅游业产值占 GDP 的比重上升至 10%。[①]

　　捷克服务业的发展也非常迅速，2010 年服务业产值占国民生产总值的比重就已经超过了 60%；而在服务业内部，60% 的产值来自房地产和旅游业。捷克有丰富的人文地理资源，文化产业丰富，作为新兴和特色产业，旅游业逐渐成为捷克国民收入的重要来源。在 2011 年，捷克旅游业的总收入达到了 11810.3 亿捷克克朗，占 GNP 的 5.5%，同时旅游业也解决了国内 100 多万人的就业问题。[②]

　　2013 年匈牙利国民收入的 76% 来自服务业，其中 12% 来自旅游业。除了政府重点扶持的旅游业外，其他服务行业在融入欧盟一体化之后也不断成长，其中主要有信息技术、物流、电子商务和再生能源，引进外资是这些行业快速发展的渠道。进入 21 世纪之后，匈牙利引进的外资有一半是进入服务业中。中国两大通信设备生产商华为和中兴分别于 2005 年和 2009 年在匈牙利投资设厂，经过短短几年的发展，2011 年华为就已经占领整个欧洲、中东和非洲地

---

① 资料来源：中华人民共和国商务部网站，http://www.mofcom.gov.cn/aarticle/i/dxfw/jlyd/200609/20060903035471.html。

② 资料来源：百度百科，https://baike.baidu.com/item/%E6%8D%B7%E5%85%8B。

区电信设备的生产市场，并在 2012 年投资建立了欧洲物流中心。同样，中兴也于 2012 年在布达佩斯建立了东南欧地区的电信网络运营中心。两者不仅为匈牙利带去了先进的生产技术，增加了其国民产值，同时也扩大了就业岗位，减轻了其失业压力，从而成为了匈牙利的战略合作伙伴。由此可以看出外资在促进匈牙利经济增长方面发挥的重要作用。

与其他中东欧国家政治剧变之后的经济发展相似，斯洛伐克的服务业逐渐成为该国第一大产业。在经历"休克式"的经济改革后，服务业成为斯洛伐克发展最快的产业。借助于良好的国际经济环境，其快速发展的服务业主要集中于邮电通信、金融保险以及旅游业。2012 年斯洛伐克吸引直接外资 4.66 亿欧元，其中绝大部分流向了交通、商业、金融保险和旅游业，主要投资来源国为荷兰、德国、奥地利、意大利、匈牙利、捷克等。

2. 入盟进程中各国产业结构的演变

（1）各国三次产业的占比变化

在前文中，本研究重点分析过中东欧各国转型初期的三次产业结构，各国产业结构呈现一边倒的"二三一"模式。从 1995 年到 2013 年，经过整整 18 年的经济发展以及结构调整，中东欧国家的三次产业结构发生了以下变化。

表 5 - 3、表 5 - 4 清晰地显示，中东欧国家在入盟进程中特别是加入欧盟之后，其经济结构发生了明显的改变，经过十多年的发

表 5 - 3　2013 年中东欧六国产业结构分布

单位：%

国别类别	捷克	爱沙尼亚	匈牙利	波兰	斯洛伐克	斯洛文尼亚
农 业	2	5	3	2	4	2
工 业	40	30	29	37	37	32
服务业	58	65	68	61	59	66

资料来源：世界银行。

表 5 - 4　2010 年立陶宛和拉脱维亚的产业结构分布

单位：%

类　别　　　国　别	立陶宛	拉脱维亚
农　业	5	4
工　业	31	19
服务业	64	77

注：由于立陶宛和拉脱维亚 2011 年、2012 年和 2013 年的数据在世界银行数据库中没有统计，因此，以 2010 年的两国产业结构分布作为分析样本。

资料来源：世界银行。

展，不管转型初期的经济基础多差，经济结构的畸形程度多严重，中东欧八国都已经实现了产业结构的优化升级，各国的产业结构均由入盟前"二三一"的传统模式过渡到"三二一"的优化产业结构模式，服务业净产值对 GDP 的贡献率均超过 50%，有的国家甚至达到了 70% 以上。

导致这种产业结构改变的因素是多方面的，下文我们将通过对相关因素的回归重点分析带来这种变化的原因。

（2）中东欧国家与欧盟产业结构的拟合趋势

各国不同的产业增长趋势可以让我们对其每个产业的发展情况有一个整体的了解。在加入欧洲经济一体化的进程中，欧盟方面对中东欧八国产业结构演变的影响是直接而深远的。为了更好地说明各国三次产业的演进方向和趋势，分别具体地分析各个国家三次产业净增加值占 GDP 的比重是非常有必要的。本节将各国的经济数据与欧盟的经济数据做对比，即将中东欧八国按三次产业净产值占 GDP 比重与欧盟三次产业净产值占 GDP 比重进行对比，以此观察中东欧国家产业结构与欧盟产业结构的拟合程度，即产业结构发展趋势是否趋同，并按其结果分为两组，分别为 A 组：拟合程度较好，B 组：拟合程度一般。希望在一定程度上可以反映欧盟对该国产业结构演进造成的影响。

　　分析结果显示，八个中东欧国家，入盟进程中其产业结构与欧盟产业结构的拟合结果为：拟合程度较好的 A 组当中，按照拟合程度的高低依次为：爱沙尼亚、匈牙利、拉脱维亚、立陶宛（见图 5 - 12）。

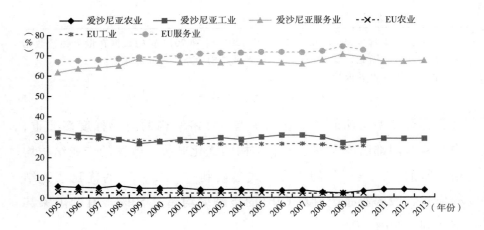

图 5 - 12　爱沙尼亚三次产业净产值占 GDP 比重

资料来源：世界银行。

　　其中，爱沙尼亚的拟合程度最高。其三次产业中，服务业的占比略低于欧盟水平，而农业和工业的比重则略高于欧盟水平，这充分显示出，尽管总体上爱沙尼亚的产业结构在向欧盟水平靠近，但依然还有差距。

　　匈牙利也是如此，但匈牙利第三产业服务业的比重比照欧盟水平相对于爱沙尼亚要更低；同样，其农业与工业占三次产业的比重距离欧盟水平差距更加明显（见图 5 - 13）。

　　立陶宛的情形与前述两个国家大致相同，服务业的比重明显不如欧盟的水平，而工业和农业的比重则明显高于欧盟的水平（见图 5 - 15）。

　　拉脱维亚的情形比较特殊，其服务业的占比高于欧盟水平，但工业的比重则低于欧盟水平（见图 5 - 14）。不能简单地以此断言，拉脱维亚的产业结构更加优化，这很大程度上可能是一种"畸形"的产业

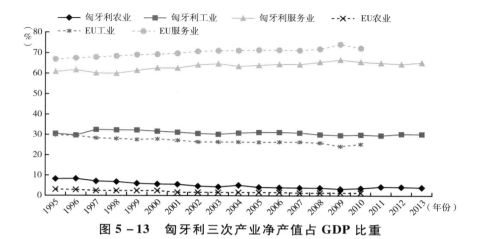

图 5 - 13　匈牙利三次产业净产值占 GDP 比重

资料来源：世界银行。

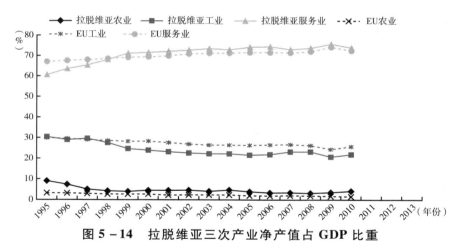

图 5 - 14　拉脱维亚三次产业净产值占 GDP 比重

资料来源：世界银行。

结构优化，即第三产业服务业的比重迅速增加的原因并不是其第三产业自身的发展，而是在体制转型过程中遭遇了如俄罗斯一样严重的"去工业化"，即工业及农业生产的大幅衰退导致三次产业比重此消彼长的结果出现。[1] 这是值得注意并有待进一步深入研究的问题。

---

① 参见程伟、殷红《俄罗斯产业结构演变研究》，《俄罗斯中亚东欧研究》2009 年第 1 期，第 37~38 页。

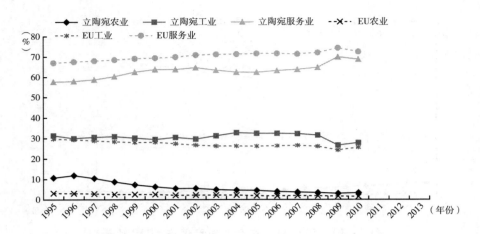

图 5 – 15　立陶宛三次产业净产值占 GDP 比重

资料来源：世界银行。

　　B 组包括捷克、波兰、斯洛伐克、斯洛文尼亚四个国家，总体上看，这些国家与欧盟在产业结构上的拟合程度结果并不如 A 组表现得好。具体结果如下。

　　首先是捷克。如图 5 – 16 所示，在捷克的三次产业中，服务业的比重明显低于欧盟水平，在 60% 左右；工业比重则相当高，占到 40% 左右，农业比重较低，与欧盟水平基本一致。工业是捷克经济的传统优势部门，在与欧盟一体化过程中，其在工业基础、资源禀赋方面仍保持了相当高的竞争力，因而，其工业经历了转型升级，例如汽车制造业。

　　波兰的产业结构与欧盟产业结构的趋同结果见图 5 – 17，其中，农业比重与欧盟最为接近，工业和服务业则存在明显的差距，其中波兰的工业在三次产业中的比重高于欧盟，而服务业的比重则低于欧盟水平。

　　斯洛伐克及斯洛文尼亚的情况与捷克大致相同，这些国家的工业化水平依然较高，在入盟的进程中整体上没有出现明显的"去工业化"的趋势，其农业比重基本与欧盟一致（见图 5 – 18、

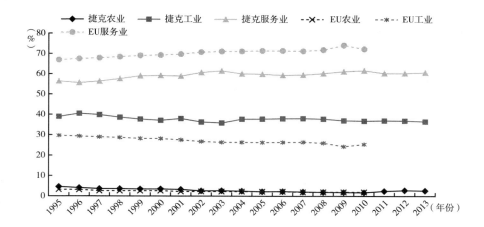

图 5 - 16　捷克三次产业净产值占 GDP 比重

资料来源：世界银行。

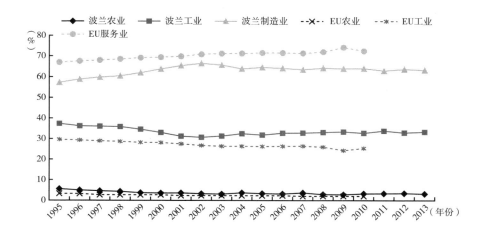

图 5 - 17　波兰三次产业净产值占 GDP 比重

资料来源：世界银行。

图 5 - 19）。欧盟作为一个比较成熟的区域化组织，在共同财政政策的指导下，其成员国根据自身资源，制定了符合本国国情的经济政策。作为新加入欧盟的成员国，中东欧国家在经济发展道路上还有很多方面要向欧盟老成员国看齐。

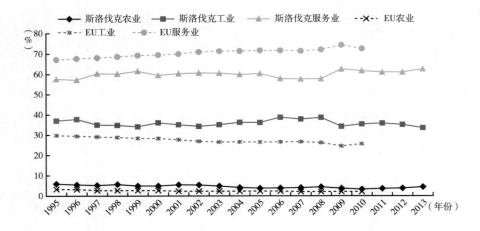

图 5 – 18　斯洛伐克三次产业净产值占 GDP 比重

资料来源：世界银行。

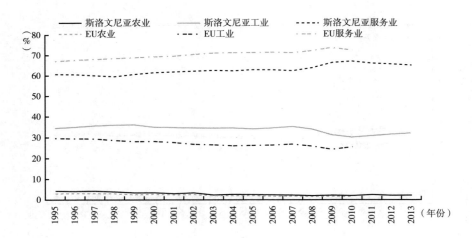

图 5 – 19　斯洛文尼亚三次产业净产值占 GDP 比重

资料来源：世界银行。

　　需要强调的是，这些图形并不能完全且充分反映中东欧国家产业结构所发生的变化，只是给出了三次产业的总体数据，而每个产业中究竟哪些部门的比重增加，哪些部门的比重减小还需要做具体细致的分析。虽然产业结构的拟合程度一定程度上反映了中东欧国家在产业结构上与欧盟的趋同，这从上述所有图示中可以明显看出，整体上看，这八个国家的产业结构的发展趋势是向欧盟趋同的。然而，拟合程度低的国家也并不意味着其产业结构演变的趋势就是不利的，例如捷克，由于保持了其传统制造业的竞争优势，在入盟进程中捷克的工业部门的比重依然相当高，这事实上也符合这些发展中的转型国家的实际经济水平。同理，尽管拉脱维亚等国的三次产业结构明显优化，但其中重要的原因是其体制转型和与欧盟一体化过程中遭遇的"去工业化"，工业部门"空心化"的事实，这些国家只能通过大力发展旅游业等第三产业来稳定其经济社会发展。

第三节　中东欧各国产业结构演变影响因素的实证分析

1. 模型的构建

（1）模型的选择及解释变量的选取

本研究采用钱纳里标准产业结构模型。美国经济学家钱纳里对101 个国家 1905～1970 年的统计资料进行归纳分析后认为：随着经济的持续增长，结合经济发展、社会进步、资源禀赋、贸易规模等因子的影响，产业结构的变动表现出了惊人的一致性，这个一致性的结构变化就是"标准产业模式"。[①]

根据得出的显著性成果进行分析，其初始模型为：

$$X_i = \beta_0 + \beta_1 \ln Y + \beta_2 (\ln Y)^2 + \beta_3 \ln N \tag{1}$$

其中：X_i 表示 i 次产业总产值，Y 表示国民生产总值 GDP，N 表示人口。

---

① 钱纳里：《结构变化与发展政策》，朱东海译，北京经济科学出版社，1991。

为了更好地解释产业结构演变的影响因素，本研究将式（1）进行改进，得到：

$$Xi/GDP = \beta_0 + \beta_1 \ln GDPp + \beta_2 (\ln GDP_p)^2 + \beta_3 \ln FDI_{net} +$$
$$\beta_4 \ln Pop + \beta_5 \ln Aid_{net} + \beta_6 (\ln Aid_{net})^2 + \quad (2)$$
$$\beta_7 \ln Pat + \beta_8 U + \varepsilon$$

其中，Xi/GDP 表示 i 产业净产值占该国 GDP 的比重即产值结构；

$GDPp$ 代表的是人均国民生产总值，衡量经济发展水平；

FDI_{net} 代表外国对该国的直接投资净流量，衡量外资利用水平；

Pop 代表人口，衡量市场规模；

Aid_{net} 代表净援助金额，衡量欧盟政策倾斜水平；

Pat 代表专利数量（Patent），衡量技术创新水平；

U 为虚拟变量，表示是否加入欧盟这一区域经济一体化组织，加入为 1，没有加入为 0，即 2004 年之前为 0，2004 年之后为 1，衡量加入欧盟这一区域经济一体化组织带来的影响；ε 为随机扰动项。

（2）样本的选取及数据来源

本研究以 2004 年为转折点，选取了 1995 年至 2013 年中东欧八国波兰、匈牙利、捷克、斯洛伐克、斯洛文尼亚、拉脱维亚、立陶宛和爱沙尼亚的经济数据作为样本，对中东欧八国产业结构的变化进行分析。通过大量的经济统计数据，运用钱纳里标准产业结构模型进行分析并作出相应总结，重点是通过钱纳里标准产业结构模型对影响产业结构的因素进行量化分析。

关于数据来源，本研究除了中东欧国家净援助基金是从 2013 年欧盟预算经济报告中推算得出，其他数据均来源于世界银行数据库。$Aid\ net$ 是欧盟给予其新成员国的援助基金与成员国向欧盟相关机构上交的份额之差，按百万欧元计算；人均 GDP 按现价美元计算，是国内生产总值除以年中人口数。GDP 是一个经济体内所有居民生产者创造的增加值的总和加上产品税并减去不包括在产品价值中的补贴。计算时未扣除资产折旧或自然资源损耗和退化；*FDInet* 表示按现价美元计算的外国投资者的净流入（新投资流入减去撤资）；*Pat* 为居民的专利申请数量，专利申请是指在世界范围通过《专利合作条约》程序或向国家专利部门提交的专利申请，在有限的期限内为专利所有者的发明提供保护，一般为 20 年。

2. 回归分析

本研究中的计量统计分析忽略了八个国家之间的行业和产业差别，分别将八个国家的农业、工业和服务业作为整体样本进行分析。中东欧八国的经济数据按照农业、工业和服务业三次产业分为三组，通过面板数据运用 Eviews 最小二乘法分别进行回归，得出以下结果。

（1）农业回归结果及分析

β_0	β_1	β_2	β_3	β_4	β_5	β_6	β_7	β_8
− 20. 32	4. 79	− 0. 28	0. 03	0. 03	0. 96	− 0. 07	− 0. 93	0. 06
(1. 73)*	(− 1. 89)*	(1. 33)*	(0. 46)	(0. 45)	(− 0. 46)	(− 1. 65)*	(0. 34)	(− 1. 59)**
	$R^2 = 0.619$		D. W = 0. 69		F = 10. 77			

注：*、** 分别表示在 10% 和 5% 的水平上显著。

上表中第一行数据为方程系数的回归结果，括号内的数据表示 T 值。R^2 结果显示拟合程度较好，同时 F 统计值表明通过检验，在 1% 的概率水平下结果显著。

结果显示 β_1、β_3、β_4、β_5、β_8 为正值，表示对应的解释变量（$GDPp$、FDI_{net}、Pop、Aid_{net} 和 U）与被解释变量（$X1/GDP$）是正相关的，表明这些变量对中东欧国家农业发展起到了明显的促进作用。β_2、β_6、β_7 为负值，其中，前两个为方程式中二次项的系数，在这里不评论，β_7 为专利的系数，表示专利对农业的发展具有负相关性，在一定程度上说明科学技术的发展对农业发展的促进作用并不明显。

从分析结果来看，国内生产总值和国外资本净流入越高，投入到维持基本生产活动的农业产业中的比重就越高。中东欧各国都在积极地实现农业生产的现代化，对资本投入的要求逐渐提高。在这个过程中，政府有积极引导和推动的责任，重点就在于提高农产品的生产效率和质量，如有机农产品种植的推广，从而提高本国农产品的国际竞争力，以适应经济全球化的冲击。

人口对农业发展虽然具有正相关性，但是促进的作用并不大，这主要是因为随着国内经济的发展，人口更多地涌向经济效益较好的其他产业，农业的就业人口在总就业人口中的比重逐渐下降。

支持农业发展一直是欧盟总体经济政策的基石，援助基金的增加对农业增长的促进作用相对来说还是明显的，主要原因在于，为了提高欧盟新成员国的农业生产，使其农业生产和技术水平与国际接轨，欧盟一直致力于扶持中东欧国家农业的开发，其中主要的基金来源是欧洲农业指导与保证基金（EAGGF）[1]、渔业指导基金[2]，同时还有共同农业政策作为政策指导，积极地引导中东欧国家农业结构适应工业和服务业的改革。所以，在这个基础上也可以看出加入欧盟对中东欧国家农业发展的正向推动作用。

从理论上来说，科学技术的发展对各产业都应具有促进作用，但是回归结果显示专利的数量对农业的发展却具有抑制作用。这可

---

[1] 欧洲农业指导与保证基金（EAGGF）设立于 1962 年 4 月，是最先设立的共同农业基金，该基金至今仍是欧盟共同农业基金中最主要的组成部分。

[2] 渔业指导基金设立于 1995 年，是欧盟渔业部门改革的特殊基金，主要目的是平衡渔业资源的开发，同时加强渔业部门的竞争和向外扩张性的发展。

能主要是因为：一是专利的申请多属于制造业的科技创新，农业方面的较少，单纯以专利量作为科技发展的指标过于片面；二是科学技术的发展对产业结构的影响具有持续性和滞后性，在一定程度上影响了得到的回归结果；三是文中选取样本的时间跨度较大，影响了模型分析。

（2）工业回归结果及分析

β_0	β_1	β_2	β_3	β_4	β_5	β_6	β_7	β_8
7.00	− 1.59	0.1	0.01	0.29	− 0.37	0.02	− 0.17	− 0.12
(1.15)	(− 1.20)	(1.47)	(0.72)	(8.11) ***	(− 3.69) ***	(3.27) ***	(− 6.70) ***	(− 1.43)
	$R^2 = 0.71$		D. W = 0.76		F = 17.06			

注：*** 表示在 1% 的水平上显著。

由上表可知，R^2 结果显示拟合程度较好，同时 F 统计值表明通过检验，在 1% 的概率水平下结果显著。

其中 β_2、β_3、β_4、β_6 为正值，表示对应的解释变量（$GDPp$ 对数的平方、FDI_{net}、Pop、Aid_{net} 对数的平方）与被解释变量（$X2/GDP$）是正相关的，并且 T 值检验在 1% 的水平上是显著的，表明这些变量对工业的发展具有促进作用，对净工业产值的增加以及整个经济增长中工业的占比都具有拉动作用。而 β_1、β_5、β_7、β_8 为负值，表示对应的解释变量（人均 GDP、净援助基金、专利申请量和是否加入欧盟）与被解释变量（$X2/GDP$）是负相关的，表明这些变量对工业的发展具有抑制作用，对净工业产值的增加以及整个经济增长中工业的占比都具有负向的作用。

β_2 和 β_6 的正相关结果极好地解释了二次项存在的必要性，确保了变量的维持线性关系，也得出了更精确的回归结果，这也在一定程度上说明人均 GDP 和净援助基金对各个国家的工业发展起到了推动作用。

　　欧盟作为一个体制非常成熟的区域化经济组织，对其成员国经济发展肯定是具有积极影响的。前文分析过中东欧各国产业净产值结构占比与欧盟结构的拟合程度，这一分析的重要性主要在于，欧盟机构对不同国家援助的一个重要的标准就是帮助这些国家调整产业结构，使其与较成熟的欧盟老成员国结构趋同，优化产业结构，更好地促进其经济增长。

　　但是根据上述回归分析，结果表明人均 GDP、净援助基金、专利申请量和是否加入欧盟这些变量对工业产值的增加具有负向的作用，这一反常的结果可能是由于以下原因：中东欧国家在 10 多年的入盟进程中首先经历了转型初期严重的经济衰退，这首先体现在工业生产的大规模衰退，其结果可能就是如俄罗斯一样的"去工业化"过程。在产业结构上其直接体现是工业产值的比重下降，而第三产业服务业的比重相对增加，形成了貌似的产业结构优化。而随着加入欧盟，以及经济恢复在增长、来自欧盟的资本和技术等资源的引进，促使中东欧国家的工业生产有所恢复，因而，其直接的体现是工业产值占 GDP 的比重不降反升。但需要强调的是，这种貌似优化并不能否认中东欧国家转型及入盟进程中工业内部产业结构的优化，与之前计划经济体制下的工业结构相比，其质量和效率都不能同日而语。此外，不能排除因为个别年份数据的缺失影响了回归结果，这是量化实证研究明显的不足，因为选取的数据不同或误差会直接导致结果及结论的不同。

　　（3）服务业回归结果及分析

β_0	β_1	β_2	β_3	β_4	β_5	β_6	β_7	β_8
3.34	0.55	−0.04	−0.005	−0.14	0.15	−0.009	0.09	0.06
(1.29)	(0.98)	(−1.23)	(−0.93)	(−8.79)***	(3.58)***	(−3.04)***	(7.47)***	(1.53)*
	R2 = 0.70		D.W = 0.90		F = 16.87			

　　注：*、***分别表示在 10% 和 1% 的水平上显著。

由上表可知，R^2结果显示拟合程度较好，同时F统计值表明通过检验，在1%的概率水平下结果显著。

其中β_1、β_5、β_7、β_8为正值，表示对应的解释变量（人均GDP、Aid_{net}、Pat、是否加入欧盟）与被解释变量（$X3/GDP$）是正相关的，并且T值检验β_5、β_7在1%的水平上是显著的，β_8在10%的水平上是显著的。表明这些变量对服务业的发展具有明显的促进作用，对净服务业产值的增加以及整个经济增长中服务业的占比都具有拉动的作用。β_2、β_3、β_4、β_6为负值，表示对应变量与被解释变量是负相关的，表明这些变量对服务业产业的发展在一定程度上具有反向的促进作用，对净服务业产值的增加以及整个经济增长中服务业占比的促进作用不明显，甚至是有抑制的作用。

显著性检验结果比较好的就是居民专利申请量，即Pat。模型中β_7较高显著性检验结果说明，在服务业净产值增加的过程中，科学技术起到了积极的作用。

值得注意的是，回归结果中总人口对各国服务业的作用是负向的，这与前文中提到的服务业解决了中东欧各国就业人口超过60%甚至超过70%的现实不相符。仔细分析其原因，误差最大的可能性就是统计口径的不同。众所周知，中东欧各国服务业中主要的行业是旅游业，参与到旅游业中的人数不仅包含了本国居民，还有很大一部分是国外居民，这是一个人口流动性非常大的行业。而在本文分析中用的变量是一国的居民数量，而具体到中东欧各国居民人口总量的变化，误差有可能由此产生。

中东欧各国的人口增长率普遍偏低，波兰、斯洛伐克人口基本无增长，增长率在0上下徘徊；匈牙利、立陶宛、爱沙尼亚和拉脱维亚的人口一直处于负增长，总人口量不增反降；捷克、斯洛文尼亚人口处于正增长，但是增长率都低于1%，属于缓慢增长。而国外暂住居民在本国从事旅游业的人数是明显增加的，这部分的数据暂未获得，希望能有机会将其补充完整，但是这种事实是显而易见的。相比较服务业的快速发展，人口的增长远远低于服务业净产值的增长，因此在本文的回归分析中总人口对服务业的贡献并不明显。

总体上看，服务业净产值的回归没有预想中的明显，尤其是在欧盟变量上，虽然存在正相关关系，T 检验结果也比较显著。可能的原因是中东欧国家是在 2004 年加入欧盟的，而模型的样本数据是从 1995 年开始的，这在一定程度上影响了欧盟作为促进变量的显著程度。

（4）变量的平稳性检验

变量	ADF		PP	
	零阶单整	一阶单整	零阶单整	一阶单整
$\ln GDPp$	− 3.38 **	− 12.15 ***	− 3.74 ***	
$(\ln GDPp)^2$	− 3.32 **	− 12.13 ***	− 3.70 ***	
$\ln FDI_{net}$	− 4.03 ***		− 3.77 ***	
$\ln Pop$	− 2.41 *	− 12.17 ***	− 2.41	− 12.17 ***
$\ln AID_{net}$			− 2.81	− 10.26 ***
$(\ln AID_{net})^2$			− 2.22	− 10.30 ***
$\ln Pat$	− 0.66	− 10.39 ***	− 0.61	− 10.40 ***
U	− 17.11 ***		− 4.48 ***	

注：①所有检验方法的原假设 H_0 均为存在单位根；② * 、 ** 、 *** 分别表示在 10%、5% 和 1% 的水平上显著。

单位根检验是为了检测各变量之间是否具有平稳性，只有平稳性的变量得到的回归才不会是伪线性的。从整体来看，各变量之间具有平稳性，ADF 检验和 PP 检验结果零阶单整不显著，一阶单整都显著，具有平稳性。

第四节 中东欧各国产业结构演变
影响因素的进一步解释

中东欧国家顺利地实现产业结构由"二三一"到"三二一"模式的改变，仅仅以模型中八个能够量化的变量来分析是不全面的，还有一些不能够量化的原因值得我们关注。

1. 其他因素的影响

首先是国家政策的影响。在转型初期，中东欧大部分国家选择了激进方式向市场经济过渡，在整个过程中，政府在维持社会稳定、转型的方向以及之后的经济发展中起到了主导作用。中东欧国家加入欧盟之前经过了漫长的谈判过程，谈判主要集中于中东欧各国内部的发展以及加入欧盟必须达到的标准。其中哥本哈根入盟标准中就明确提到了在质量上要达到的标准是：政府的政策是否旨在开发竞争性市场和减少补贴；政府是否支持本国市场对外资开放。

以波兰为例，早在 1996 年的时候为了发展科学技术，其推出了 INCOME 计划，主要致力于推进高新技术的转让和商业化，该计划所实施项目的经济、市场和业务分析评价完全放开，所转让的技术具有很高的商业价值和经济回报。在服务业方面也是积极地推出新政策，主要有旅游业和新兴能源环保行业。

欧洲 2020 战略[①]目标是：实现聪慧、可持续和包容性增长，未来的核心目标主要集中在绿色能源、可持续性等低碳经济发展理念方面。该战略提出，欧盟经济的可持续性增长应该是建立在提高能源效率和发展绿色技术的优势基础上实现的。欧盟各国在发展清洁能源领域具有清晰的发展战略目标，这是欧盟国家未来制定新能

---

① 欧洲 2020 战略，是由欧盟委员会于 2010 年 3 月制定并提出的十年经济发展规划，旨在加强各成员国间经济政策的协调，在应对气候变化的同时促进经济增长，增加国际竞争力，扩大就业。这是欧盟历史上第二份十年经济发展规划。

源产业政策的基本出发点。这对欧盟成员国来说是未来经济发展的新方向以及新重点，也会直接导致各国内部经济的政策倾斜，最终影响产业结构的发展。

其次，各国资源禀赋对其产业结构的形成也起到了决定性的作用。早在20世纪早期，一国资源禀赋的作用已经受到经济学家的重视，古典贸易理论中李嘉图的比较优势理论就是根据一国资源禀赋而提出的，之后经过了赫克歇尔和俄林的完善。经济中，要素结构的升级主要取决于资本积累，最优产业结构是由资源禀赋决定的。

除去资本这一资源禀赋，其他的资源即劳动和自然资源对一国产业结构升级的影响是起限制作用的。根据比较优势理论，一国会优先生产资源丰富的产品。具体到中东欧国家的资源禀赋，前文也提到，多数的中东欧国家具有丰富的森林资源，并且具有迥异的东欧风情，还有其他的矿产之类的资源，这些均对一国经济的发展起到决定性的作用。尤其是现在服务业作为第一大产业，对资源的充分开发的重要性可想而知。从中东欧各国对旅游业的日益重视可以看出这一点。

最后，人力资本对产业结构的影响也是不能忽视的。区别于人口，人力资源指一定时期内组织中的人所拥有的能够被企业所用，且对价值创造起贡献作用的教育、能力、技能、经验、体力等的总称。中东欧多个国家在加入经济全球化和欧盟区域一体化组织后在面临高失业率的同时面临着严重的人才流失，尤其是波兰和匈牙利。这些国家面临的主要问题是劳动力价格低廉，而且随着加入欧盟之后人员流动更加方便，具有一定技术和专业知识的劳动力为了谋求更好的发展，纷纷离开本国到欧盟老成员国发展并定居，这对中东欧本国的经济发展有一定的阻碍作用。

2. 与欧盟经济一体化是中东欧国家产业结构演变的决定性因素

中东欧各国由转型初期的"二三一"模式调整为现在的"三

二一"模式，产业结构均经历了改革、调整和优化。

中东欧国家产业结构总体上来说，受到人均 GDP、FDI 净流入、人口、欧盟国际援助净流量和专利的影响。农业方面，受到人均 GDP 和欧盟净援助金额的正向促进影响最大，这主要是由于入盟之后，欧盟以及其新成员国都致力于积极努力改变农业生产模式，提高农业生产效率。工业作为各国经济的传统基础产业，受到国际市场开放的影响较大，工业净增加值在国民生产总值中占的比重逐渐下降，说明各国的产业结构在逐渐优化，总体上这有利于整体经济的健康发展。同时，工业在吸引外资方面更有优势，尤其是波兰和匈牙利两个国家，外资的行业占有率都很高。服务业作为新兴行业已经开始取代工业成为各个中东欧国家内部的第一大产业，其年生产净值占国民生产总值的 60% 以上。科技创新、能源创新可以达到国际标准，对服务业的发展具有极大的推动作用。

不可否认的是，加入欧盟经济一体化对于中东欧国家的产业结构也同样具有负面效应，这就是中东欧国家普遍出现的"去工业化"及工业"空心化"问题。产业结构的优化升级，即 GDP 结构中第一、第二产业占比下降，第三产业占比上升，通常是源于社会经济的发展和劳动生产率的提高。一方面，随着经济的增长和收入的增加，社会对服务业的需求不断扩大；另一方面，第一、第二产业劳动生产率提高后释放出大量的从业人员，为第三产业的扩张提供了必要的劳动力支持，从而促进了服务业的大发展。由此可见，产业结构优化的基本前提是经济的持续健康发展。中东欧国家产业结构的优化不排除其中有经济增长的因素，但是，也不能排除另一种因素的影响，就是加入欧盟后中东欧国家不得不对外开放市场的条件下，其原有传统产业特别是制造业很大程度上丧失了竞争优势而遭遇崩溃，这一方面使其工业生产迅速下降，另一方面使相关人才流失。尽管这一趋势随着中东欧国家经济逐渐恢复有所缓解，即工业部门的占比有所回升，但是，总体上看，中东欧国家入盟前后经历的是明显的"去工业化"进程。笔者到过立陶宛等中东欧国家，在与学者及普通民众的交谈中，感受到他们对这一现象的困惑，立陶宛所剩几乎尽是旅游业了。中东欧大部分国家尚属于发展中国家，其工业发展潜力不小，计划经济时期也建立了良好的工业基础，以市场需求为导向的再工业化可为这些国家的经济发展、社会福利、人才更新创造良好的条件，特别是在加强这些国家的经济自主性、独立性方面也可以大有作为，而且，以固定资产投资为核心的工业化生产依据投资乘数原理可极大地拉动经济内生性的快速增长，波兰、匈牙利在这方面取得了比其他中东欧国家更好的发展。

从这个角度看，与欧盟经济一体化的程度越高，并不意味着对中东欧国家的长期经济发展就越好，应考虑到各国的特性，包括经济体量、资源禀赋、政治条件等。区域经济一体化同样是把双刃剑，资源整合、地区扶持政策等带来一系列积极影响的同时，经济主权的让渡、市场开放也必然使得一国丧失实现其自主发展战略的空间。中东欧国家在不到一百年的历史发展进程中，两次大规模地参与地区经济一体化，而且又是两个截然不同的政治体制和经济体系，这是其他地区国家所没有经历的。对于中东欧国家的民众来说，这其中的利与弊、福与祸，应该只有亲身经历者才最能感知，而对于其他国家来说，总结其经验、探知其中的利与弊，以及最大限度地通过政府干预减少其负面影响是学术界长期面临的任务。

第六章　结构基金及其对中东欧国家经济转型的影响

第一节　欧盟区域发展政策中的结构基金

1. 欧盟区域发展政策的形成

由于竞争方面的结构性失衡，欧盟成员国之间以及同一成员国的不同区域之间，经济与社会发展不平衡是显而易见的事实。随着欧盟的扩大，这种不平衡现象有进一步加剧的趋势。而地区问题不仅关乎各个成员国参与一体化的成本利得分配，还可能会变成一体化进程的一大障碍。因此，伴随着欧盟一体化的发展，欧盟区域政策也在不断发展演进，区域发展政策作为欧盟超国家调节中的一项重要内容，通过不断推动各成员国的经济趋同和团结，达到进一步加强一体化向心力和凝聚力的目的。

欧盟区域政策是超越国家层面的区域经济政策，它是欧盟为促进区域经济的协调发展，加强内部凝聚力，根据地区差异而制定、组织、实施的一系列政策手段和措施的总和。由于各国的自然、地理、经济、历史、技术、社会文化等发展条件千差万别，区域经济在各不相同的环境中成长，因此，区域经济发展不平衡是一种客观存在的普遍现象，这种情况决定了制定和实施区域经济政策的现实必要性。

伴随着欧洲一体化的不断深入和发展，欧盟区域间的收入差距问题也愈加严重。欧共体成立之初，便在《罗马条约》① 中提出了"通过减小不同地区间的差距，缩短欠发达地区与发达地区间的差距，促进各成员国经济一体化与和谐发展"，区域发展政策的概念由此产生。但是，直到 20 世纪 70 年代，区域发展政策才真正起步。在实施《维尔纳报告》② 提出的欧洲经济与货币联盟计划的同时，丹麦、爱尔兰和英国加入了欧共体，实现了第一次扩大，地区发展不平衡问题开始变得十分突出。1975 年，欧共体理事会就全面实行区域经济发展政策达成一致意见，成立了欧洲区域发展基金（ERDF），作为缩小共同体地区发展不平衡差距的重要财政手段，促进其成员国经济、社会的均衡发展。20 世纪 80 年代，希腊、西班牙和葡萄牙先后加入欧共体③，区域差异问题更加显著，共同体及其成员国家都深刻认识到地区的不平衡发展不仅会影响内部大市场的有效运行，还会导致一体化的不稳定。为此，共同体实施一揽子措施，使得区域政策的总体框架和运作程序初现轮廓。

2. 欧盟区域发展政策的目标

欧盟区域发展政策通过对欠发达地区的援助，促进其经济结构的调整转变，使其经济发展水平达到共同体的平均水平，并使其能够在相同的起点上共同竞争，从而实现成员国之间的公平性，完善欧洲内部大市场的建设，增强凝聚力。

首先，促进落后地区的经济发展，实现欧盟不同国家和地区居民收入的公平，最终实现共同富裕。其次，促进建立和完善欧盟内

---

① 1957 年 3 月 25 日，法国、西德、意大利、荷兰、比利时和卢森堡 6 国的政府首脑和外长在罗马签署《欧洲经济联盟条约》和《欧洲原子能条约》。后来人们把这两个条约统称为《罗马条约》，条约于 1958 年 1 月 1 日生效，该条约的生效标志着欧洲经济共同体正式生效。

② 1970 年，欧盟 6 个创始国举行首脑会议，提出了《维尔纳报告》，并决定在 10 年间分三阶段建立经货联盟。

③ 1981 年希腊加入欧共体，1986 年西班牙和葡萄牙加入欧共体。

部大市场。内部大市场建立在激烈竞争的基础之上，市场竞争本来就具有使贫富差距扩大的倾向，已存在于共同体内部地区之间发展水平的差距使得各地区不可能处于相同的竞争起跑线上，这使得竞争的结果是贫富差距的进一步扩大，造成竞争的扭曲。因而需要各成员国政府和共同体合作，进行不间断的调控来减少这种倾向，保证内部大市场的正常运作。最后，缩小和消除欧盟内部地区间的贫富差距，有利于巩固内部团结，增强凝聚力，是深化和扩大一体化的需要。

3. 结构基金是欧盟区域发展政策的主要工具

（1）结构基金

结构基金是欧盟推行的旨在促进欧洲一体化和地区经济发展的主要政策工具。欧盟的结构基金政策是通过对经济欠发达地区的援助，实现这些落后地区的经济结构调整，并帮助它们赶上欧盟的一般水平，使它们在竞争中与其他地区处于相当的起点上[1]，从而完善欧盟内部大市场的建设，并实现社会的公平，加强一体化的凝聚力。1988 年 2 月，在布鲁塞尔会议上，成员国政府一致决定将欧洲社会基金、欧洲地区发展基金、欧洲农业指导与保障基金中的指导部分合并成结构基金（structural funds），结构基金的名称由此正式形成。20 世纪 90 年代，随着《马斯特里赫特条约》[2] 的签订，欧盟于 1993 年将渔业指导财政手段（FIAF）作为结构基金的组成部分。

由此，欧洲地区发展基金、欧洲社会基金、欧洲农业指导与保障基金、渔业指导基金共同组成了结构基金体系。四个基金中占有最大份额的是欧洲地区发展基金，基金额约占整个结构基金的

---

[1]　促使各成员国或地区处于竞争的同一起点上，而不是给予落后地区特殊的优惠条件，正是为了完善内部大市场，促进竞争，如果给予某个地区特殊的受惠条件，就会分割市场同时保护了落后。

[2]　即《欧洲联盟条约》，于 1991 年 12 月 9 日至 10 日在荷兰的马斯特里赫特举行的第 46 届欧洲共同体首脑会议上签订。

50%，其主要目的是扶持落后欠发达地区中小企业的发展，促进投资和改善基础设施。欧洲社会基金为青年和妇女提供职业技能培训方面的资金支持，以解决其就业问题。欧洲农业指导和保障基金主要是为农村地区研发新技术、改进农业产业结构和发展非农产业提供资金支持。渔业指导基金是为帮助沿海地区受渔业生产萎缩影响的渔民而设立的，主要支持渔业结构改革。结构基金来源于欧盟的共同预算，约占欧盟总预算的三分之一。图6-1为2011年欧盟各成员国人均GDP和各成员国对欧盟预算所做的贡献。

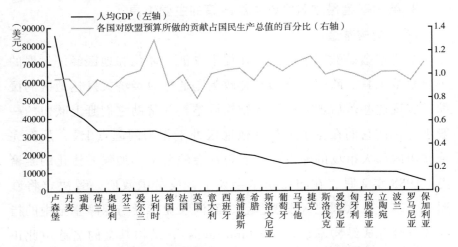

图6-1 2011年欧盟各成员国人均GDP与对欧盟预算的贡献率

资料来源：*European Commission Financial Report*（2012）。

（2）团结基金

团结基金（Cohesion funds）也称凝聚基金，设立于1993年，是专为促进爱尔兰、希腊、西班牙和葡萄牙4个相对落后成员国的经济发展而设立的。团结基金规定，只有人均GDP低于共同体平均水平90%的成员国才能申请团结基金援助。

（3）共同农业政策

欧盟共同农业政策（Common Agriculture Policy，CAP）是在欧

共体共同农业政策的基础上形成的。它是欧共体的两大支柱之一①，由一整套规则和机制所组成，是欧盟最重要的共同政策之一，其主要目的是用来规范欧盟内部农产品的生产、贸易和加工。共同农业政策的最大特点是：对内实行价格支持，对外实行贸易保护。

（4）欧洲投资银行

欧洲投资银行作为欧盟的理财机构，是根据 1957 年关于成立欧洲经济共同体的《罗马条约》设立的，它以促进欧盟一体化以及各成员国的经济和社会均衡发展为目标。欧洲投资银行主要通过提供低息或无息贷款帮助贫困国家的经济发展。

第二节　结构基金发展历程

1. 1988～1993年结构基金的运行

在 1988 年 2 月举行的共同体布鲁塞尔首脑会议上，成员国政府一致决定将欧洲地区发展基金、欧洲社会基金、欧洲农业指导与保障基金中的指导部分合并成结构基金（structural funds）。由于欧洲区域发展差距是由竞争元素的结构性失衡所引起的，因此设立结构基金的主要目的是通过财政转移支付促进不发达地区的结构转型。因此，欧盟区域政策也被称作结构政策。

1988 年在对结构基金的第一次改革中，欧共体不仅增加了结构基金预算支出，规定了区域发展政策的目标与原则，还明确设定了资金的分配方式和金融工具的选择。

结构基金数额在 1989～1993 年翻了一番，总额达到 640 亿欧洲货币单位。1986 年结构基金支出额占共同体预算总额的 17.6%，到 1992 年，此比重提高到 25.4%，仅低于共同农业政策支出。结

---

① 另一支柱为关税同盟。

构基金的分配方式也由配额制改为根据各地区的人均 GDP 和失业率等因素，由欧洲委员会按统一规定的标准来确定。共同体对那些符合其设定的目标和政策的地区资助项目给予资金支持，因而，很多项目是由成员国政府、当地政府和共同体共同给予资助的。虽然仍以成员国来划分受援地区，但共同体对其成员国边境交界地区的基础设施项目的援助十分重视。在项目投资资金中，共同体的资金一般占项目总投资的 25% ~ 85% 。

在结构基金第一次改革之前，共同体挑选资助对象主要依据的是"凡是被成员国政府确定为受援的地区，自动成为共同体区域发展政策的援助区域"的原则。该原则导致各成员国为了尽可能多地从共同体获得援助资金，而不考虑受援助项目的经济效率，竞相扩大援助范围。因此，共同体明确了受援地区所应符合的具体标准，一方面，限制了成员国竞相扩大援助范围的行为；另一方面，也向成员国表明共同体实施区域政策是为了解决共同体整体层面上的经济与社会发展的不平衡问题，确保一体化能够顺利进行。

为使区域政策能够在缩小地区发展不平衡方面真正发挥有效作用，共同体根据人均国民生产总值、失业状况、产业结构、地理条件等因素，将优先发展的目标区域划分为六大类。[1]

目标1：促进共同体经济落后地区的发展。这是指人均 GDP 不到共同体平均水平的 75% 的地区，如法国的科西嘉地区、德国东部地区、意大利南部地区以及希腊、葡萄牙、爱尔兰、西班牙四国的大部分地区。

目标2：工业衰退地区的经济转型和结构调整，主要包括煤矿、钢铁、纺织和造船业等就业严重衰退的地区。列入目标2的地区必须符合以下三个条件：平均失业率高于共同体的平均水平；工业就业人口可能占总人口的百分比高于共同体的平均水平；工业就

---

① 王倩：《欧盟区域政策——从资金视角分析》，吉林大学出版社，2007，第 72 ~ 73 页。

业人口下降。

目标3：解决长期失业，即未满 25 岁的求职者的就业问题，为年轻人提供工作机会，使失业工人重新进入劳动力市场，消除人们被劳动力市场排除的危险，同时推动实现男女就业上的平等。

目标4：采取预防措施，使劳动力适应工业结构和新技术的变化。目标 3 和目标 4 地区覆盖整个共同体，占结构基金的 11% 。

目标5a：调整农业及渔业结构，促进共同农业政策的改革。

目标5b：开发脆弱的农村地区，推动经济活动的多样化，促进农村地区的发展。

对于结构基金的地区引入，欧盟同样确立了明确的操作原则。具体为以下三个原则：

第一，集中性原则。使最需要接受援助的地区得到结构基金的集中支持，避免有限的援助资金因分散使用而导致资源浪费，保证资金的使用效率。

第二，伙伴关系原则。欧盟、成员国政府、地方三个层次应该保持协调和配合，提高对结构基金的使用效率。

第三，附加性原则。欧盟援助不能替代成员国的资金，它只是对成员国资金的补充，自行筹资有困难的国家例外。欧盟结构基金对项目投资承担的比例在目标 1 地区为 25% ~75% ，在其他地区为 25% ~50% 。有关的成员国政府或地方政府必须负担项目总投资中的其余部分。这是结构基金运行所遵循的一个重大原则。

2. 1994 ~1999年结构基金的运行

1991 年 12 月于马斯特里赫特召开的欧洲理事会引发了对结构基金运行的第二次改革，《马斯特里赫特条约》重申地区政策的重要性，强调从社会与经济方面加强内部凝聚力是欧盟的主要任务之一。具体改革内容包括以下五个方面：

第一，新增渔业指导工具 （FIFG）。1993 年芬兰与瑞典加入欧共体，设立了渔业指导工具。设立该项资金的主要目的是支持渔业结构改革，帮助沿海区域受渔业生产萎缩影响的渔民。

第二，调整了目标区。扩展了目标1即促进共同体经济落后地区的发展的范围，提出用于目标1区的基金数额将增加2/3。主要依据成员国的人口数量多少、国家富裕程度、区域富裕程度以及地区发展不平衡问题的严重程度来对目标1地区的资金进行分配。

第三，延伸了目标2。即工业衰退地区的经济转型和结构调整，主要包括煤矿、钢铁、纺织和造船业等就业严重衰退的地区，将青年就业一体化内容纳入该范围。

第四，将目标3（解决长期失业）和目标4（采取预防措施，使劳动力适应工业结构和新技术的变化）合并，成为新的目标3。增设新的目标4，明确规定劳动力市场成为资金援助的对象，应对劳动者进行专门培训以适应产业结构的变化。

第五，增设了目标6。奥地利、芬兰和瑞典于1995年正式加入欧盟，因此，增设目标6以促进这三国人口密度极低地区[①]的经济发展和结构调节。

第六，对援助比例进行了调整。结构基金的附加性原则要求成员国政府在利用结构基金进行项目建设时提供一定比例的配套资金，但仍有一些相对落后的成员国很难提供充足的配套资金。因此，在1993年的改革中下调了配套比例。比如，在1988年目标1地区，结构基金援助的比例最高是75%，在其他地区是50%。1993年改革规定在特殊情况下，目标1地区的结构基金援助比例最高可达到80%。实际上，这一比例达到过85%。

3. 2000～2006年结构基金的运行

至20世纪90年代中后期，欧盟在多次实践的基础上，已经建立了完整的地区政策体系。然而，由于不断加速的欧洲一体化进程与欧盟东扩问题的提出，欧盟的地区政策再次迎来新的挑战。1997

———————

① 指每平方公里少于8人。

年 7 月，欧盟委员会颁布了《2000 年议程》，其目的就是为迎接新的挑战做准备和提高结构基金的利用效率。《2000 年议程》对三个主要问题提出了构想，分别是欧盟东扩、2000～2006 年的预算安排和对结构基金政策的改革。这标志着第三次地区政策改革进入初期准备阶段。1999 年 3 月，成员国政府于柏林举行首脑会议，一致做出要对结构基金进行进一步改革的决定。第三次结构基金改革的内容主要包括：

第一，做出 2000～2006 年结构基金预算安排。欧盟理事会决定将结构基金预算占欧盟总预算的比例维持在 1999 年的水平①而不再增加。虽然比例未上升，但因为各国 GNP 总量在增加，2000～2006 年结构基金预算总额确定为 1950 亿欧元（1999 年价格）。其中，用于新的目标 1、目标 2 和目标 3 地区的相应比例为 69.7%、11.5% 和 12.3%，用于共同体倡议②及技术创新资助的比例分别为 5.35% 和 0.7%。此外，从 2000 年 1 月 1 日起，结构基金预算总额的 4% 将被用作储备资金，用于奖励区域发展政策取得显著成效的地区。《2000 年议程》中规定自 2000 年起开始接纳中东欧申请国为新成员国。由于东扩条件尚未成熟，欧盟委员会决定推迟两年，到 2002 年再正式接纳新成员。但在 2000～2002 年，欧盟每年将从预算总额中划拨出 31.2 亿欧元作为"入盟前援助"，用于帮助申请国尽快达到入盟要求。

第二，目标区体现集中原则，即将原有的 6 个目标削减为 3 个。目标 1 被定义为"促进经济欠发达地区的发展与结构调整"，仍要求是人均收入低于欧盟平均水平 75% 的地区。在该目标区所用工具包括欧洲地区开发基金、欧洲社会基金、欧洲农业指导基金

---

① 占欧盟 15 国 GNP 的 0.46%。

② 共同体倡议是对结构基金资助项目之外的其他计划提供财政援助的一种方式，其所援助的项目必须以结构调整为目的，帮助有某种典型问题的地区调整经济结构以解决所面临的问题。

和保证基金以及渔业指导财政手段。目标 2 为支持面临结构性问题地区的经济和社会转变，特别包括工业和服务业中正在发生社会与经济变迁的地区、走向衰落的农村地区、依靠渔业的萧条地区。所用工具包括欧洲地区开发基金与欧洲社会基金。目标 3 以支持教育、培训和就业政策的调整并使之现代化为目的，政策工具仅包括欧洲社会基金。

第三，操作方式上实行分权化。2000～2006 年的结构基金操作将履行"自下而上"的原则，以分权化管理的方式进行，首先要明确欧盟、成员国政府和地方政府各自的责任。分权化管理意味着由成员国管理资金支出，欧盟应退出具体的管理，但可以通过对成员国实行监督、制定管理规则以及利用储备资金奖励地区政策成效显著的地区来影响成员国的操作过程，达到使成员国按照欧盟的意图来调整地区发展战略的目的。"自下而上"式分权化改革形成了新的地区政策操作的制度框架，以便在未来欧盟扩大和目标区急剧增加的情况下，能够通过调动成员国的积极性，使其在最适宜的地区进行有效操作，改进地区政策的效率。

4. 2007～2013年结构基金的运行

由于"里斯本战略"（Lisbon Strategy）① 受挫，东扩加重了欧盟的财政负担，世贸谈判使欧盟的共同农业政策面临巨大的压力，为此，欧盟对新一轮的区域政策也进行了相应的调整。

与 2006 年相比，2013 年欧盟对里斯本战略实施的扶持力度（占 GDP 的百分比）上升了 3.3 个百分点，其中，51.4% 流向欧盟新成员国，48.6% 流向老成员国，欧盟区域发展政策进一步向新加入国家倾斜。

一些原有接受援助的国家不再符合受惠条件了。其原因是，东

---

① 为加快经济改革，促进就业，欧盟 15 国领导人 2000 年 3 月在葡萄牙首都里斯本举行特别首脑会议，达成并通过了一项关于欧盟 10 年经济发展的规划，即《里斯本战略》。其最重要的两个目标是就业率和科研投入。

扩使欧盟的 GDP 增加了 5%，但与此同时，人口却增加了 20%，导致人均 GDP 反而下降了 11%，致使一些原本属于结构基金援助的目标 1 区的成员国，因其人均 GDP 高于欧盟新的人均 GDP 水平的 75% 而被迫退出受惠范围。①

5. 欧盟南扩过程中结构基金的影响

希腊、西班牙、爱尔兰和葡萄牙，作为欧盟凝聚力与区域政策最大的受益国，经济发展显著增长。由于经济发展水平的差异，欧共体/欧盟的新成员国一直是结构基金的主要受益国家。在 1989~1993 年（第一期结构基金期间），前 4 位结构基金主要受益国中有三个国家是新成员国。1994~2005 年，希腊缩短了与其他欧盟成员国的差距，从欧盟平均人均 GDP 的 74% 上升到 88%；与此同时，西班牙从 91% 上升到 102%，爱尔兰从 102% 上升到 145%。②

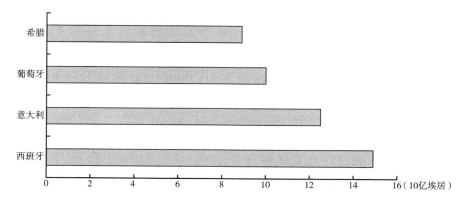

图 6 - 2　1989~1993 年结构基金主要受益国

资料来源：European Commission, *EU Cohesion Policy* 1988 - 2008：*Investing in Europe'sFuture*, Inforegio Panorama。

---

① 臧术美：《欧盟地区政策改革与效应研究》，华东师范大学博士学位论文，2009。

② Leo Baumfeld, Robert Lukesch. Reforming Structural Funds：How to Reconcile Complexity and Simplification. *EBRD*, 2005。

2003 年 7 月，欧盟委员会在一份地区发展报告中概括并总结了结构基金在 1994～1999 年对接受援助地区的经济和社会产生的影响："欧盟在利用结构基金方面取得了明显成效，有力促进了区域内欠发达地区的经济增长，提高了就业率。"[1]

欧盟在该报告中指出，有超过 20 万家中小型企业和 790 万人已获得了结构基金的援助。结构基金的有效利用使欧盟内部最贫穷地区获得了另外约 2100 亿欧元的公共和私人投资，又为劳动者提供了 80 万个就业机会。另外，在基础设施方面，最贫困地区还修建了 4100 公里的高速公路和 32000 公里的普通公路，在此期间，由于结构基金的影响，落后地区 GDP 的增长率也普遍高于欧盟的平均增长水平。在欧盟成员国中，结构基金政策对经济增长的促进作用表现最明显的是希腊，希腊经济增幅中约四分之一是结构基金带来的，葡萄牙是 17.2%，西班牙是 16.7%，意大利是 12.5%，英国是 10.0%。1994～1999 年，欧共体 10 个最贫穷的地区平均 GDP 水平从相当于欧盟平均水平的 41% 上升到了 50%。平均而言，每 1 欧元结构基金的投入能使当地的 GDP 增加 1.33 欧元。[2] 上述情况说明，欧盟的结构基金政策效果是明显的。

欧盟负责地区政策事务的委员米歇尔·巴奥尼表示，这份报告证明了欧盟区域发展政策能够有效促进欠发达地区的经济增长和均衡发展，提升欧盟的整体竞争力，为新成员国的加入提供了重要的借鉴经验。[3]

---

[1] Martin Kahanec. EU Structural Funds: Stimulates the Economy?. *European Commission*, 2003.

[2] Martin Kahanec. EU Structural Funds: Stimulates the Economy?. *European Commission*, 2003.

[3] Martin Kahanec. EU Structural Funds: Stimulates the Economy?. *European Commission*, 2003.

第三节　中东欧国家入盟与结构基金援助

1. 入盟的门槛设置

根据哥本哈根标准①，欧盟执委会认为十个申请入盟的中东欧国家（1994 年，波兰和匈牙利正式向欧盟递交了申请书，1995 年，罗马尼亚、斯洛伐克、爱沙尼亚、拉脱维亚、立陶宛和保加利亚递交了申请书）都没有完全达到哥本哈根框架标准。

欧盟《2000 年议程》根据哥本哈根标准对部分中东欧国家的评价包括经济标准、政治标准和旅行能力三大项，规定其分值最高为 5 分，越高意味着评价越高。

捷克共和国的经济标准得分为 4 分，具体评价为："1994 年以来，经济持续增长，尽管增长率较低。1996 年经济增长率为 4%。1996 年的外贸和经常账户依然出现赤字，人均 GDP 相当于欧盟平均水平的 57%。未来几年中需加强公司治理和健全金融体系。银行领域依然由几个国营或部分国营的银行统治，竞争力不是很强。在中期，如果企业发生变化，国家必须适应欧盟内部的竞争市场压力。"其政治标准的得分为 4 分，具体评价为：已经是稳定的民主社会，法律、人权得到保障，尊重和保护少数民族。必须进一步改善司法机构、加强反腐败。保护言论自由的法律存在缺陷。履行能力的得分为 4 分，具体评价结果是：已经采用了欧盟法律和法规，但在金融服务和税收领域中向欧盟法律靠拢的任务依然繁重。必须在入盟后在教育、研究、电信、统计和保护消费者方面进一步采用欧盟的法律和法规。同时，农业、环境保护和能源领域采用欧盟法律的工作需要改善。

波兰的经济标准得分为 4 分，具体评价为：1992 年经济开始

---

① 关于哥本哈根标准的具体内容参见本章第一节。

复苏，此后一直保持6%的速度，预算赤字低于3%。1991年债务重组后，外债负担大幅度减轻，1996年通货膨胀率为20%，人均GDP相当于欧盟的31%，进出口的65%和70%面向欧盟，基本上是市场经济国家，金融服务欠发达，养老金制度需要改革，银行系统需要进一步改革。从中期来看，需要适应欧盟内部的竞争和市场的压力。农业需要现代化。工业中存在大量的私营经济和需要改造的国营经济。政治标准的得分为4分，具体评价为：稳定的民主化国家。已经拥有法律保障、人权和尊重与保护少数民族权力的制度。要进一步改善司法工作，加强反腐败。

匈牙利的经济标准得分为4分，具体评价为：1996年经济增长为1%，通货膨胀率为20%。人均GDP为欧盟平均水平的37%。是市场经济国家。私有化和经济自由化已经取得进展。1997年7月，议会通过了新的养老金法，正在改革银行和工业企业。企业已经开始在欧盟市场中适应竞争。当务之急是避免进一步预算赤字和外贸逆差。其政治标准的得分是4分，具体评价是：稳定的民主社会，拥有保护法治人权和尊重少数民族权益的机制，政治机构功能完善，在司法体制和保护吉卜赛人方面仍需要努力，需要进一步加强反腐败。履行能力的得分是4分，具体评价是：在竞争、公共检查、保护知识产权等方面已采用了欧盟的法律法规，从中期来看，匈牙利在教育、电信、培训、研究和技术开发等方面采用欧盟的法规存在问题。在保护消费者、关税控制以及环境保护等方面需要进一步努力，其健康体系应该采用欧盟的健康标准。[1]

2. 欧盟对中东欧国家的结构基金援助

众多且严格的入盟条件表明，中东欧国家都必须在欧盟提出的领域中进一步努力才能接近或达到入盟的条件。例如，捷克共和国需要进一步改革银行和金融部门，也要进一步改善人权；匈牙利需

---

① 上述资料来自欧盟《2000年议程》。

要进一步完善社会安全改革，治理腐败，等等。但是，鉴于中东欧国家在经济社会各方面与欧盟平均水平的差距很大，仅仅依靠它们自身的努力是不够的，还需要欧盟伸出援手。

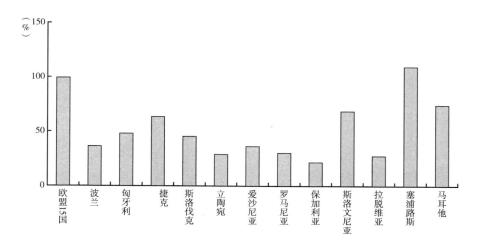

图 6 - 3　2002 年申请入盟的中东欧国家人均 GDP 占欧盟 15 国人均 GDP 百分比

资料来源：European Commission，2004 *Transition Report*。

1994 年 12 月，在德国城市埃森召开的欧盟首脑会议上制定了一个帮助中东欧国家入盟的核心战略，即"埃森战略"，其要求是，在入盟前，欧盟应帮助中东欧国家逐步实现欧盟的政治和经济体制一体化，实行外交和安全政策，增加在司法和国内事务领域中的合作，以其所有政策和物质手段来帮助中东欧国家尽快达标，以便创造日益增多的一体化领域。

图 6 - 3 显示，中东欧申请国经济发展水平低，是低收入、欠发达国家，远远落后于欧盟 15 国的经济发展水平。在东扩之后，欧盟不同成员国之间的经济发展差距会进一步拉大，同一国家的不同区域也将面临经济发展不平衡现象。因此，欧盟迎来了由东扩引起的区域差距进一步扩大的挑战。1993 年，中东欧 10 国的 GDP 与

人均 GDP 分别为 1883 亿埃居和 1785 埃居，仅相当于欧盟 GDP 的 3.2% 和人均 GDP 的 11.2%。中东欧 10 国 1995 年的人均 GDP 占欧盟的比例有所上升，约为 32%，1999 年的 GDP 总值也仅为欧盟 15 国的 3.8%。2002 年，只有捷克、斯洛文尼亚、塞浦路斯和马耳他四国的人均 GDP 超过欧盟 15 国的 50%。这些数据说明，欧盟东扩后，地区差距和聚合问题将更加突出。

为使区域发展政策在欧盟东扩后仍然能有效运行，欧盟并未立刻接纳这些申请国，而是通过入盟前援助对其进行先期的结构调整，帮助其达到入盟标准。1999 年，欧盟正式决定对中东欧申请国实行"入盟前援助"，并设立了多个计划来实现这个目标，包括法尔计划（PHARE）[①]、斯帕德计划（SPARD）和入盟前结构政策手段（IS – PA）。

2000 年欧盟 25 国及各国内部地区的不平衡状况见表 6 – 1。

表 6 – 1   2000 年欧盟 25 国及各国内部地区的不平衡状况

国别	人均 GDP（欧元）	最富裕地区人均 GDP（欧元）	最贫穷地区人均 GDP（欧元）
奥 地 利	188855.38	26546.84	13446.46
比 利 时	18466.26	43347.16	14331.10
塞 浦 路 斯	14861.88	14861.88	14861.88
捷 克 共 和 国	11411.80	23708.24	9544.07
德 国	19929.09	36739.29	12738.76
丹 麦	22634.88	27954.79	17869.64
爱 沙 尼 亚	6252.50	10644.65	4636.73
西 班 牙	16005.10	22823.61	11146.41
芬 兰	20302.39	28662.20	15392.66
法 国	19790.04	32908.45	16100.37
希 腊	12530.61	16601.15	9377.14

---

① 法尔计划的全称是援助波兰和匈牙利经济改造计划，有单独的法律基础，即欧共体 1989 年 12 月的第 3906/89 号决议。

国别	人均 GDP （欧元）	最富裕地区人均 GDP（欧元）	最贫穷地区人均 GDP（欧元）
匈 牙 利	8598. 66	14851. 88	6192. 45
爱 尔 兰	21651. 46	24769. 80	16454. 23
意 大 利	21184. 68	29900. 69	12915. 68
立 陶 宛	6243. 72	9153. 68	4171. 41
卢 森 堡	40693. 25	40693. 25	40693. 25
拉 脱 维 亚	5296. 85	10829. 71	3191. 77
马 耳 他	14508. 03	14508. 03	14508. 03
荷 兰	22107. 05	29016. 05	16808. 08
波 兰	8382. 42	13092. 61	6015. 52
葡 萄 牙	13250. 58	21408. 19	12207. 907
瑞 典	19942. 22	30431. 47	18754. 28
斯洛文尼亚	12438. 66	19182. 09	9761. 78
斯 洛 伐 克	8824. 23	18931. 21	6546. 31
英 国	19392. 81	49362. 68	12384. 90

资料来源：European Commission。

入盟前援助是为了支持这些国家的社会发展、工业结构调整、农业现代化、交通运输系统和环境保护等，以使这些国家的农业开发、运输和环保的基础设施能提升到满足欧盟标准的水平。入盟前援助基金仅向未入盟的国家提供支持，候补成员国在正式入盟后，结构基金计划和团结基金项目将替代入盟前援助。

表 6-2　2000~2004 年欧盟对中东欧国家的主要援助方向及资金分配

总预算	109. 2 亿欧元	
结构基金预算	72. 8 亿欧元	用于环境、交通等基础设施
共同农业政策预算	36. 4 亿欧元	用于农业开发

资料来源：EBRD。

3. 入盟后中东欧国家得到的欧盟援助

8 个中东欧新成员国于 2004 年 5 月正式加入欧盟。这次扩张使欧盟增加了约 20% 的人口，然而，欧盟的 GDP 却因此只增加了 5% 。新成员国的人均收入甚至不足欧盟平均水平的 50% ，而且只有 56% 的人口是主动就业，欧盟 15 国的主动就业人口则达到 64% 。① 这无疑进一步加剧了欧盟收入与就业上的不平等。2000 ~ 2006 年，几乎所有新成员国都属于目标 1 地区，均达到获得结构和凝聚基金支持的最高上限。

在 2004 年之前，尽管欧盟区域政策已经启动了针对中东欧国家的资助计划，但是其规模有限，大规模地向新成员国提供的资助计划多在 2004 年中东欧国家入盟之后启动。根据欧盟的官方统计，2000 ~ 2006 年，欧盟 15 个老成员国获得了 2130 亿欧元的结构基金援助，同期包括中东欧国家在内的 10 个新成员国总共获得了 217 亿欧元的资助。

为了应对随东扩而来的挑战，结构基金援助数量在 2007 ~ 2013 年大幅度增加，升至 3470 亿欧元，比上一个财政周期的援助数量增加了 1000 多亿欧元，占欧盟预算总额的 35.7% 和欧盟 GDP 总额的 0.38% 。在 2007 ~ 2013 年，结构基金的前八位受益国中有三个是新成员国，其中波兰为最大受益国家（见图 6 - 4）。中东欧国家获得的资助数额明显上升；与此同时，一些老牌的受益大国接受的资金援助规模程度不等地减少了，其中，西班牙获得的结构基金援助减少了 111 亿欧元，仅为上一财政周期的 62.5% 。德国之所以成为结构基金的主要受益国，是因为德国统一后东部地区的发展需要大量资助。

第四节　中东欧国家结构基金的吸收能力

1. 有关吸收能力的界定

吸收能力的概念应该放在入盟的框架里来理解。吸收能力是在

---

① 资料来源：欧洲复兴开发银行：*Transition Report* 2004。

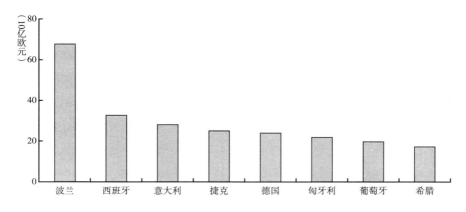

图 6 - 4 2007 ~ 2013 年结构基金受益国

资料来源：European Commission，*EU Cohesion Policy* 1988 - 2008：*Investing in Europe's Future*，Inforegio Panorama。

欧洲一体化背景下使用的一个典型的指标，一个动态的概念，可以帮助测量一个入盟候选国或新入盟国家吸收欧盟结构基金和融入欧盟行政运作方式程度的高低。在此背景意义下，吸收能力也可以被看作评价"有效成员国"的条件。"有效成员国"的概念是在 2003 年由 Nicolaides 对那些希望入盟的候选成员国提出的，他认为成为欧洲联盟里的"有效成员国"不仅仅是从欧盟获得最大收益，因为很难确定到底是否达到了这个最大限度，因此，他提供了一种不同的方法，把"有效成员国"定义为：能够最大化吸收欧盟结构基金。[1]

（1）三种吸收能力

欧盟结构基金的吸收能力代表着成员国政府和地方政府能够有效地分配利用欧盟援助基金的能力。吸收能力的内涵是，欧盟结构基金的接受国，在一个规定的财政年度内，实际上没有能力消费从欧盟可获得的所有援助基金，使之用于投资。当受援国资金利用率未能达到100%时，意味着该国或地区的行政能力，即执行可操作

---

① 资料来源：Nicolaides. EU Structural Funds and it's Efficiency，2003。

性强项目的能力还不完美。*Corina Berica*[①] 认为会有不同的原因导致吸收问题并进而阻碍经济达到最优增长，他提出可以将一个国家对结构基金的吸收能力分为三个方面：宏观经济吸收能力、金融吸收能力和行政能力。

宏观经济吸收能力（macroeconomic absorption capacity），通过国家 GDP 来定义和衡量。欧盟规定，根据成员国的经济发展水平来决定结构政策中最高限度的财政转移支付的数量，但是不能超过成员国 GDP 的 4%。因此，欧盟流入成员国的结构基金必然会使成员国预算消费增加。

金融吸收能力（financial absorption capacity），指成员国政府是否有能力承担欧盟资助项目所要求的其余资金，受益方（公共和私营部门）是否能够适应结构基金援助所规定的共同承担资金的要求。

成员国的行政能力（administrative capacity），指公共机构在规定的时间内准备合适的计划、项目和工程的能力；挑选符合条件值得支持的项目和工程，与横向和纵向合作伙伴共同协作、分享信息以及在执行项目的同时能够提供适宜的金融支持和监管措施的政府能力。

其中，宏观经济吸收能力和金融吸收能力都与一国的经济发展水平有关，这引导我们去研究一国经济发展水平与结构基金吸收能力之间的关系。

（2）吸收率的概念

因为欧盟的结构基金援助实行"报销机制"，也就是在符合欧盟规定的资金报销到账之前，受援国需要在项目开始运作的某一段时间内先行垫付欧盟已应允援助的资金，但有可能部分资金因不符合

---

① Corina Berica. Factors that Influence the Low Rate of Structural Funds Absorption in Romania. *TheWorld Bank*，2010.

欧盟规定的报销条件而不予支付。所以,当讨论欧盟结构基金的吸收率时,需要明确一下"收缩"(contraction)和"吸收"(absorption)的区别。吸收率(absorption rate)通常指的是支付比例,即欧盟实际支付给受援国的基金数量/受援国整个财政周期(通常为一年)可获得的总预算。收缩率(contracted rate)指去除受援国应承担的那部分配套资金,受援国实际投入的资金总量/受援国整个财政周期(通常为一年)可获得的总预算。表6-3为2009~2010年入盟的中东欧国家对结构基金的收缩比率和吸收比率,可以发现前者明显大于后者,吸收率甚至不到收缩率的二分之一。

影响援助基金吸收能力的因素很多,Andrej Horvat,Gunther Maier[1]认为,受援国是否能够成功吸收援助资金,主要取决于欧盟管理当局的表现、凝聚基金有可获得的连贯的信息(公开性)、

表6-3 2009~2010年入盟的中东欧国家的收缩比率和吸收比率

单位:%

国别	收缩比率		吸收比率	
	2009 年	2010 年	2009 年	2010 年
拉脱维亚	38	76	13	30
立 陶 宛	41	68	17	29
爱沙尼亚	44	60	12	21
斯洛伐克	27	57	5	17
捷 克	25	55	8	26
波 兰	23	53	7	16
匈 牙 利	39	51	10	16
斯洛文尼亚	35	48	18	27
罗 马 尼 亚	16	45	2	7
保 加 利 亚	23	37	4	10
平 均	31	53	10	17

资料来源:KPMG *Progress Report*(2010,2011)。

---

[1] Andrej Horvat, Gunther Maier. *Reginal Development*, *Absorption Problems and the EU Structural Funds*. European Commission, 2003.

申请规则的明确性以及即刻项目评估和对项目受益方的实时财政转移支付。欧盟管理部门并不是唯一影响吸收率的因素，需求方受援国如果未能遵守项目规定，欧盟方面可以拒绝支付，或者降低支付比率。

2. 中东欧国家结构基金吸收能力概况

（1）入盟后各国历年结构基金吸收率

从表6-4的数据中可以发现，中东欧国家自2004年入盟后，对欧盟提供的结构基金的吸收状况，总体来看，并不乐观。入盟后第一年，即2005年，结构基金吸收率普遍很低，吸收率最高的斯洛文尼亚仅为31.8%，也就意味着，欧盟每提供100欧元的结构基金援助，斯洛文尼亚仅能够吸收约32欧元，而这还是中东欧8国中结构基金吸收率最高的。同时，波罗的海三国的结构基金吸收率分别为22.3%、26.5%和27.7%，相对其他国家而言这个数值已经不低了。至于维谢格拉德集团四国，其结构基金的吸收率为从最低的19.5%（波兰）到最高的31.7%（斯洛伐克）。

表6-4 2005~2013年新入盟的中东欧国家结构基金吸收率

单位：%

国别	2005年	2006年	2007年	2008年	2009年	2010年	2011年	2012年	2013年
拉脱维亚	22.3	29.8	55.7	11	13	35	36.3	58.6	59.2
立 陶 宛	26.5	42.1	52.2	16	17	29	47.8	70.8	68.3
爱沙尼亚	27.7	46.9	60.9	9	12	21	41.9	70.9	72.1
斯洛伐克	31.7	42.5	51.8	6	5	17	27.6	45.5	47.8
捷 克	20.7	30.8	44.6	10	8	26	26.4	41.9	43.9
波 兰	19.5	41.9	52.4	6	7	16	37.3	59.1	63.7
匈 牙 利	22.9	46.3	59.2	8	10	16	35.5	47.7	55.8
斯洛文尼亚	31.8	43.5	51.8	16	18	27	37.1	52.4	57.9
罗马尼亚					2	7	16.5	11.4	12.3
保加利亚					4	10	23.5	17.8	20.5

资料来源：EU Funds in CEE, *Progress Report*。

尽管随后的 2006 年，中东欧国家结构基金吸收率均有所提高，但仍然没有国家能够达到 50%。可以认为，随着入盟时间增长，中东欧国家对结构基金的利用愈来愈有经验，随之结构基金吸收率也不断增加。的确，至 2007 年，中东欧 8 国对结构基金的吸收率较之前两年有大幅度增长。然而，全球性金融危机在 2008 年爆发，导致各国经济普遍受到重创，尤其是以第三产业为主要支柱的国家受波及最为严重。一方面，由于各国财政预算资金不足，中东欧国家难以拿出配套的资金来支持项目建设；另一方面，受全球金融危机的影响，欧盟预算主要供给国家供给资金也有所减少，这两方面原因致使结构基金吸收率在 2008 年跌落至谷底，较之前的 2005 年刚入盟时期的吸收率还要低很多。

随着经济缓慢复苏，中东欧各国对结构基金的吸收能力逐渐恢复并较之前不断增强。到 2010 年几乎达到与 2005 年相等的水平，2012 年波罗的海三国的结构基金吸收率已经超过 70%。我们可以将 2005～2012 年划分为三个阶段，即 2005～2007 年、2008～2009 年和 2010～2013 年。从这三个时间段的划分来看，结构基金吸收率的变化趋势为：增加——减少——增加（见图 6-5、图 6-6、图 6-7）

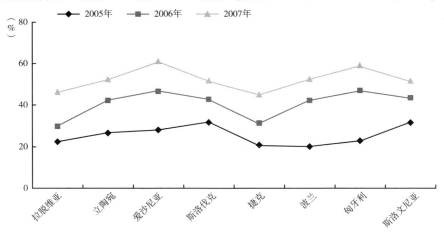

图 6 - 5　2005～2007 年中东欧 8 国对欧盟结构基金吸收率变化趋势

资料来源：根据表 6 - 4 数据计算。

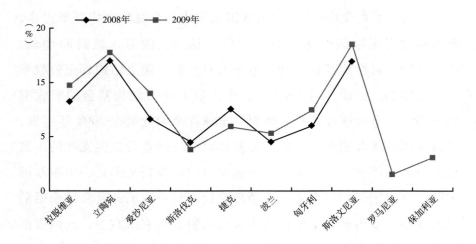

**图 6 - 6　2008 ~ 2009 年中东欧 10 国对欧盟
结构基金吸收率状况**

资料来源：根据表 6 - 4 数据计算。

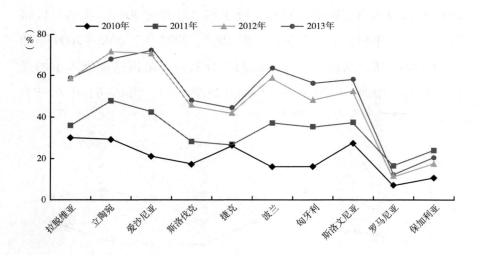

图 6 - 7　2010 ~ 2013 年中东欧 10 国对欧盟结构基金吸收率变化趋势

资料来源：根据表 6 - 4 数据计算。

　　尽管中东欧国家的结构基金吸收率普遍大幅度提高，但仍然没有哪个国家有能力完全吸收来自欧盟结构基金援助，甚至达不到 80% 的水平。特别是罗马尼亚和保加利亚两个于 2007 年入盟的位于东南欧的原东欧（今中东欧）国家，两国的结构基金吸收率一直都是中东欧国家当中最低的，在 2009 年达到 2% 和 4%，2012 年罗马尼亚的结构基金吸收率也仅为 11.4%。中东欧国家结构基金吸收率最高的为波罗的海的立陶宛和爱沙尼亚，在 2012 年均达到 70% 左右。综上所述，虽然中东欧国家的结构基金吸收率有不断提高的趋势，但各国的吸收能力普遍不高，如何提高结构基金吸收能力仍是欧盟和各成员国不断探求和解决的问题。

（2）结构基金吸收能力的等级划分

为了探究中东欧国家结构基金吸收能力普遍低的成因，我们根据特定标准，将中东欧 10 国对结构基金吸收率的表现划分为较好、一般和较差三个等级。我们将受全球金融危机影响最严重的 2008 ~ 2009 年的数据忽略不计，分别计算 10 个中东欧国家对欧盟结构基金吸收率的平均值，将这些平均值按照大小顺序排列，把其中吸收率的平均值按照大于 45%、小于 45% 且大于 20%、小于 20% 三个档位进行归类。

由此，我们将中东欧 12 国根据对欧盟结构基金吸收能力的不同划分为三类，结果是：表现较好的国家为波罗的海三国爱沙尼亚、拉脱维亚、立陶宛；表现一般的国家是维谢格拉德集团（斯洛伐克、匈牙利、捷克、波兰）、斯洛文尼亚；表现较差的国家为罗马尼亚和保加利亚，具体见图 6 - 8、图 6 - 9、图 6 - 10。

3. 影响中东欧国家结构基金吸收能力的因素分析

（1）结构基金运行机制的影响

欧盟结构基金的运作由欧盟委员会、各成员国政府及其现设的各类管理机构共同完成，因此，其使用效率、吸收能力也取决于这三个方面的运行及效率。欧盟委员会主要负责资金的管理及拨付，成员国相关部门则负责各国结构基金的管理，各受援地区政府下设

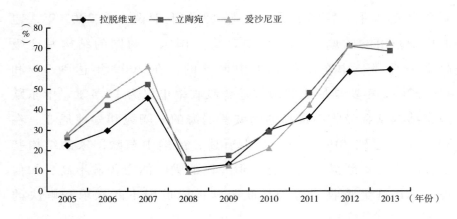

图6-8　表现较好的波罗的海三国结构基金吸收率状况

资料来源：根据表6-4数据计算。

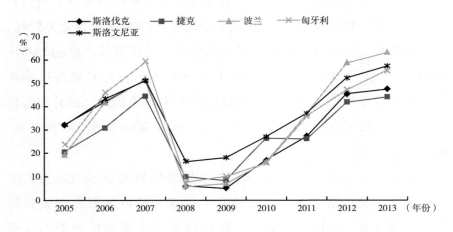

图6-9　表现一般五国的结构基金吸收率状况

资料来源：根据表6-4数据计算。

的各类"项目管理机构"负责具体的项目计划、申请、审批、基金拨付与管理。结构基金在运行管理过程中与欧盟、成员国和地方政府等相互协调，构成了多层级、网络化的区域协调机制。但是，这种运行机制也存在一些缺陷，并因此对结构基金吸收能力产生影响。

首先，影响结构基金吸收率的因素存在于项目管理的各个阶

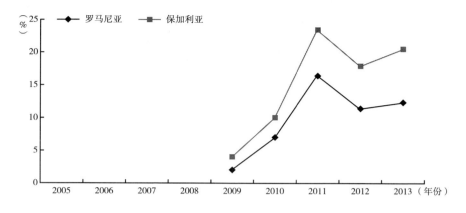

图 6 - 10   表现较差两国的结构基金吸收率状况

资料来源：根据表 6 - 4 数据计算。

段，特别是在挑选和执行阶段，这是因为在管理机构挑选项目和执行项目期间存在时滞。在地区政策的框架内，结构基金申请方应为成员国或成员国的某地区，欧盟委员会接到有关援助的申请后，必须对申请的项目和计划进行预评估。相关机构要充分调查申请方是否有能力运作该项目，也许在此期间很多因素已经发生变化，例如，申请方的管理团队已经改变，甚至最初发起该项目的人也改变了想法，在这种情况下，申请方必须及时提供相应文件进行说明，并重新进行评估，这无疑会降低结构基金的运作效率。

其次，欧盟规定，结构基金的使用必须遵循"附加性原则"，结构基金援助并不是对成员国的一种"无偿补贴"，它只是一种辅助性财政手段，有关成员国政府或地方政府必须为结构基金援助的项目提供相应的配套资金，如果没有能力负担，结构基金则不能被启动。这虽然有助于调动和增强接受援助国家和地区的积极性和责任感，建立有效的责任机制并提高成员国对结构基金的使用效率，但是，从另一方面来看，一旦成员国政府财政短缺，无法承担相应配套资金，那么，欧盟预先划拨好的结构基金就只能被搁置而无法动用，无论是受援国有多么迫切需要资金，也是束手无策。因此，这就是为什么在国际金融危机期间，尽管中东欧各成员国都急需资金支持，而面对来自欧盟的结构基金这一重要资金支持，却只能眼睁睁地看着而不能动用。

最后，欧盟的结构基金援助实行"报销机制"，这种机制有助于增强受惠国的责任感，避免腐败等，力促有限资金用在刀刃上。在符合欧盟规定的资金报销到账之前，受惠国需要在项目开始运作的某一段时间内先行垫付欧盟已应允援助的一部分资金，这看起来似乎容易，但自申请报销开始到受惠国收到援助资金需要数月的时间（项目管理机构规定在 45 个工作日内偿付资金）；而且，如果受惠国申请报销的材料存在不完整、有错误的问题的话，那么就需要重新整理资料再提交；但如果错过了申请报销的日期，也有可能造成部分资金因不符合报销机制条件而不予支付。此时，受惠国可能发现它已经没有充足资金再继续运作该项目，最后只能选择放弃，从而导致结构基金闲置，最终的结果就是吸收率上不去。

结构基金援助的申请程序见表 6 - 5。

表 6 - 5　结构基金援助的申请程序

步骤	内容	时间表
1. 合格地区的决定因素（欧盟与成员国谈判）		目标 1 与目标 5 需要 6 年；目标 2 需要 2 年
2. 成员国政府与地方及地区政府、经济实体和社会伙伴结成伙伴关系（按目标和地区）	计划内容：说明当前形势、潜力和问题；说明当前活动，特别是国家和地区的援助；今后的战略和数量目标；财政框架。经营的定义（实施时间长度、援助的形式）	成员国有 4～6 个月准备它们的建议。它们可以计划或单一规划文件的形式订出详细措施，对于共同体倡议，在《官方杂志》公布后，成员国有 4 个月的时间提出计划

续表

步骤	内容	时间表
3. 与欧盟委员会谈判的规划文件	A. 共同体支持框架（CSF）规定共同体援助的框架（时间长度、重点领域、预算拨款）。在此基础上，成员国根据计划的援助形式提出并谈判运行程序。 B. 单一规划文件定出共同体援助的框架和操作程序。 C. 共同体倡议	欧盟委员会在接到成员国建议 6 个月内采纳文件
4. 在建立地区监督委员会的同时实施计划，配合地方政府和社会伙伴（根据成员国决定的程序）	实施计划：选择操作者，招标，评估，监督	通常在共同体支持框架、单一规划文件或共同体倡议批准后项目便立即启动，在文件规定的整个时期内进行
5. 对有关成员国要求资助的合格申请欧盟做出承诺反应	对按年付款，或对于运行时间不足两年并且总额不到 4000 万欧洲货币单位的项目可一次付清	在收到合格申请的 6 个月内
6. 支持（1）：根据申请，可在启动时首付承诺金额的 50%，视有关运行的性质而定。（2）：根据申请第二次预付可支付至承诺总额的 80%	根据承诺按年分期支付，或在运行不足两年，总额不足 4000 万欧洲货币单位的情况下一次性付清。有证据表明完成运行（收到支付和实施报告）	在收到合格申请的两个月内，报告必须在有问题的年份之后的六个月内收到
7. 受惠的成员国必须做出评估	使用宏观经济和微观经济指标说明计划、运行和受支持项目的一般和具体影响	发表在提交给议会、经济和社会委员会及地区委员会的年度和三年度的报告上

　　资料来源：王倩：《欧盟区域政策——从资金支持的视角分析》，吉林大学出版社，2007，第 72~73 页。

（2）人均 GDP 与结构基金吸收率的正相关性

　　结构基金的吸收率很大程度上也取决于相关成员国的经济发展水平，特别是其财政支付能力。结构基金的使用是有附加条件的，即

"附加性原则"，这就是成员国必须为欧盟资助的地区项目提供相应的配套资金。也就是说，如果申请项目经欧盟相关管理机构审批成功，成员国地方政府与欧盟需共同承担项目所需资金的一定百分比，通过该项规定，能够提高地方成员国政府对项目以及结构基金利用的责任心，从而提高结构基金利用效率。成员国政府必须提供相应比例的配套资金，要求成员国政府必须有相应的预算资金，否则即使欧盟给予充足的结构基金援助，成员国也无法利用这部分资金。这就和各个国家的经济发展水平相关联，经济发展水平高的国家，其财政预算相对充足，在项目申请成功后，提供相应配套资金难度就不大。

衡量一个国家经济发展水平的高低通常从存量和增量两个方面进行测量。存量指一个国家的经济规模，常用"国内生产总值"来描述，国内生产总值代表一定时期内，一个国家或地区的经济中生产的所有财富的总和，被公认为是衡量国家经济状况的最佳指标。增量一般指一个国家的经济发展速度，最常用的指标是"GDP 年增长率"。另外，对经济规模的测量又可以从绝对规模和相对规模两方面来进行。绝对规模只测量一个国家或地区在特定时期内的 GDP 总量，而不考虑这一规模 GDP 是由多少劳动力创造出来的。相对规模指标则更关心一个国家或地区的人口（或劳动力数量）与其所创造的 GDP 总量之间的关系，常用人均 GDP 来衡量。

人均 GDP 是重要的宏观经济指标之一，可以比较客观地反映一国社会发展水平，是衡量各国人民生活水平的重要标准，也是提高居民人均收入水平、生活水平的重要参照指标。欧盟地区政策援助的主要目标是通过结构基金援助落后地区的基础设施建设，促进农业现代化，使各成员国在共同的起点参与到统一大市场的竞争中来，从而促进经济增长，提高人均收入水平，进而实现社会公平。

从表 6 - 6 中的数据可以发现，罗马尼亚和保加利亚的人均 GDP 一直处于中东欧 10 国的底端，这与两国结构基金吸收率一直是最低的是相符合的。同时，2005 ~ 2008 年各国人均 GDP 均有所增加，而 2008 年国际金融危机后，各国人均 GDP 在 2009 年明显下降，从图 6 - 4、图 6 - 5、图 6 - 6 得知，中东欧国家结构基金吸收率的变化也呈现这一趋势，在 2005 ~ 2008 年缓慢增加，而在 2008 年遭遇全球金融危机影响后迅速减小，随后在 2010 年又开始缓慢增加。而 2010 年仅有部分国家（立陶宛、匈牙利、捷克）的人均 GDP 增加，受欧债危机的影响，在 2012 年中东欧 10 国中部分国家的人均 GDP 有所下降。图 6 - 11 为捷克 2005 ~ 2012 年人均 GDP 变化趋势。

表 6 - 6　2005 ~ 2012 年中东欧 10 国人均 GDP

单位：美元

国别	2005 年	2006 年	2007 年	2008 年	2009 年	2010 年	2011 年	2012 年
立 陶 宛	7604	8865	11584	14071	11034	11046	14148	14183
爱沙尼亚	10330	12503	16393	17738	14480	14110	16809	16817
拉脱维亚	6973	8713	12638	14858	11476	10723	13838	14008
波 　 兰	7963	8958	11157	13886	11295	12302	13382	12708
匈 牙 利	10937	11174	13535	15365	12635	12750	13784	12531
捷 　 克	12706	14446	17467	21627	18806	18867	20580	18683
斯洛伐克	11385	12799	15583	18109	16100	16036	17760	17847
斯洛文尼亚	17855	19406	23441	27015	24051	22898	24478	22000
罗马尼亚	4572	5681	7856	9498	7651	7610	8874	9036
保加利亚	3733	4313	5498	6798	6403	6335	7287	6978

资料来源：根据世界银行数据整理。

为了实证分析结构基金与人均 GDP 的关联性，我们通过 SPASS 软件对新入盟中东欧国家 2005 ~ 2012 年人均 GDP 和 2005 ~ 2012 年新入盟中东欧国家结构基金吸收率进行相关性分析，得出如下结论，人均 GDP 是结构基金吸收率的影响因素，并且两者之间具有正相关性（r = 0.90，p = 0.000）。因此，我们可以认为人均 GDP 越高，结构基金吸收率越高。

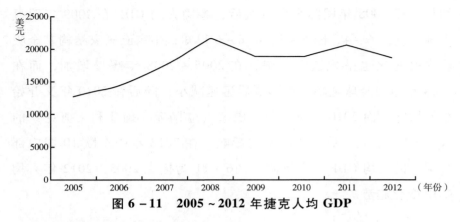

图 6 – 11　2005～2012 年捷克人均 GDP

资料来源：根据表 6 – 4 数据计算。

表 6 – 7　相关系数

			人均 GDP	吸金率 1
Spearman 的 rho	人均 GDP	相关系数	1.000	0.900 **
		Sig.（双侧）	.	0.000
		N	88	88
	吸金率 1	相关系数	0.900 **	1.000
		Sig.（双侧）	0.900	.
		N	88	88

注：** 在置信度（双测）为 0.01 时，相关性是显著的。

　　一个国家的人均 GDP 越高说明该国的经济发展水平也就越高，成员国就更有可能与欧盟共同承担项目所需资金，这样欧盟通过财政转移支付所提供的免费结构基金才可以被成员国利用，成员国的结构基金吸收率便可以提高。相反，结构基金吸收率提高，也会增加本国的人均 GDP，促进本国经济发展。

　　（3）制度转型进展的影响

　　最后，对中东欧各国的结构基金吸收能力起到重要影响的是这些国家市场化民主化体制转型的进展及其水平。有关前计划经济国家向市场经济体制转型进展的指标涵盖了一个国家市场经济发展的主要元素，它是评价转型国家向市场经济转型进展的主要依据，当然，更重要的是，它是决定中东欧国家经济发展与结构基金吸收能力的根本基础及条件；换言之，中东欧国家吸收结构基金的能力高与低，主要取决于这些国家制度的建设与发展。因此，转型进展指数与结构基金吸收率存在重要的关联。

有关转型进展水平的界定与转型设定的目标模式直接相关，中东欧国家的转型目标是建立如同西欧一般的民主政治与市场经济制度，因此，来自欧盟对其经济转型进展水平的界定自然成为其主要评价标准，这其中，欧洲复兴开发银行每年的转型报告（*Transition Report*）所构建的转型进展（Progress in transition）的指标体系被认定为中东欧独联体国家体制转型进展的主要参考。该报告始于1994年，欧洲复兴开发银行构建了用转型进展指标（transition indicator）以量化转型国家①的标准。

这些指标的测量尺度范围从 1 到 4 + ，也被称为转型得分，1代表着僵化的中央计划经济没有改变或只有很小改变，4 + 代表着已经达到工业化市场经济的标准。

最初这些指标有 6 个，覆盖三个方面：公司（大、小规模私有化；公司重组），市场和贸易（价格自由化和竞争；贸易；外汇体系），金融机构（银行部门改革）。转型进展指标被不断增加和重新定义。1995 年 EBRD 将价格自由化和竞争指标分为两个不同的指标：价格自由化和竞争政策。金融机构方面增加了债券市场，非银行金融机构（SM & NBFI）。1999 年又增加了一系列基础设施方面的指标，包括电力、铁路、公路、通信、水资源和污水。

到了 2000 年，EBRD 用重新定义的转型进展指标在 9 个领域

---

① 欧洲复兴开发银行转型报告中的研究对象即其所谓的转型国家包括中东欧与独联体国家，具体为：波兰、捷克、匈牙利、斯洛文尼亚、斯洛伐克、立陶宛、拉脱维亚、爱沙尼亚；SEE 国家：阿尔巴尼亚、波黑、保加利亚、克罗地亚、马其顿、黑山、罗马尼亚、塞尔维亚；CIS + M 国家：亚美尼亚、阿塞拜疆、白俄罗斯、格鲁吉亚、哈萨克斯坦、吉尔吉斯斯坦、摩尔多瓦、蒙古国、俄罗斯、塔吉克斯坦、土库曼斯坦、乌克兰、乌兹别克斯坦共 29 个国家。

进行评估，覆盖了市场经济的 4 个主要元素：市场和贸易、企业、金融机构、基础设施建设。这种评估方式持续到 2009 年，四个领域包括的主要指标为：

市场和贸易：价格自由化、贸易自由化、外汇兑换难易程度、市场竞争政策的有效性、对抗大企业垄断集团对市场的操控。

企业：大规模私有化、小规模私有化，治理与企业重组，杜绝生产补贴，引入有效的破产程序和公司治理结构。

金融机构：银行部门的发展，证券市场和非银行机构的发展。

基础设施：电力、铁路、公路、通信、水资源。

我们将 2010 年之前的转型进展指数统称为传统转型指数，但通常传统转型指数就是指 2000 年 EBRD 重新定义的转型进展指数。2010 年 EBRD 采用一种新方法对转型进展指标进行重新定义，新增了能源部门，与当代"有效利用能源，建设低碳经济"的主题相符合，被称为部门转型进展指数（section transition indicators）。这种定义一直持续运用至今。

企业部门：农业综合企业、普通工业、房地产业。

能源部门：电力、自然资源、可再生能源。

基础设施部门：铁路、公路、城市交通、水资源和污水、通信。

金融机构部门：银行、保险和其他金融服务机构、资本市场、私人股本、中小型企业融资。

EBRD 的转型进展指数被广泛应用于学术研究，例如研究改革与经济增长变量之间的关系，并且可以给转型国家施加压力（如果邻国转型进展得分很高，将会刺激本国采取有效措施提高转型进展得分）。世界银行和其他机构在衡量转型国家进展时采用的结构改革指数（structural reform indicator）远没有 EBRD 的转型进展指数使用得频繁。表 6 - 8 和表 6 - 9 分别为 2010 年 29 个转型国家传统转型进展指数得分和部门转型进展指数得分。

表 6 - 8　2010 年 29 个转型国家传统转型进展指数得分

类别	企业			市场和贸易			金融机构		基础设施
国别	大规模私有化	小规模私有化	治理与企业重组	价格自由化	贸易和外汇体系	竞争政策	银行改革和利率自由化	债券市场和非银行机构	总体基础设施改革
阿尔巴尼亚	4 −	4	2 +	4 +	4 +	2	3	2 −	2 +
亚美尼亚	4 −	4	2 +	4 +	4 +	2 +	3 −	2 +	3 −
阿塞拜疆	2	4 −	2	4	4	2	2 +	2 −	2
白俄罗斯	2 −	2 +	2 −	3 + ↑	2 +	2	2 +	2	1
波黑	3	3	3	4	4	2	3	2 −	3 − ↑
保加利亚	4	4	3 −	4 +	4 +	3	4 −	3	3
克罗地亚	3 +	4 +	3	4	4 +	3	4	3	3
爱沙尼亚	4	4 +	4 −	4 +	4 +	4 −	4	4 −	3 +
马其顿	3 +	4	3 −	4 +	4 +	2 +	3	3 −	3 −
格鲁吉亚	4	4	2 +	4 +	4 +	2	3 −	2 −	3 −
匈牙利	4	4 +	4 −	4 +	4 +	3 +	4 − ↓	4	4 −
哈萨克斯坦	3	4	2	4	4 −	2	3 −	3 −	3 −
吉尔吉斯斯坦	4 −	4	2	4 +	4 +	2	2 +	2	2 −
拉脱维亚	4 −	4 +	3	4 +	4 +	3 +	4	3	3
立陶宛	4	4 +	3	4 +	4 +	3 +	4 −	3 +	3
摩尔多瓦	3	4	2	4	4 +	2 +	3	2	2 +
蒙古国	3 +	4	2	4	4	2	3	2 +	2 +
黑山	3 + ↑	4 −	2	4	4	2	3	2 −	2 +
波兰	4 − ↑	4 +	4 −	4 +	4 +	3 +	4 −	4 ↑	3 +
罗马尼亚	4 −	4	3 −	4 +	4 +	3 ↑	3 +	3	3 −
俄罗斯	3	4	2 +	4	4	2 +	3 −	3	3 −
塞尔维亚	3 −	4 −	2 +	4	4	2 + ↑	3	2	2 +
斯洛伐克	4	4 +	4 −	4 +	4 +	3 +	4 −	3 − ↓	3 +
斯洛文尼亚	3	4 +	3	4	4 +	3 −	3 −	3	3
塔吉克斯坦	2 +	4	2	4 ↑	3 +	2 +	2 +	1	2 − ↑
土耳其	3 +	4	3 −	4	4 +	3 −	3	3 −	3 −
土库曼斯坦	1	2 +	1	3 −	2	1	1	1	1
乌克兰	3	4	2 +	4	4	2 +	3	3	2 +
乌兹别克斯坦	3 −	3 +	2 −	3 −	2	2	2 −	2	2 −

资料来源：*Transition Report* 2010。

表 6 - 9　2010 年 29 个转型国家部门转型进展指数得分

类别	企业部门			能源			基础设施					金融部门				
国别	农业经济	一般工业	房地产业	自然资源	可再生资源	电力	通信	水资源和污水	城市交通	公路	铁路	银行	保险和其他金融服务	中小企业融资	私人股本	资本市场
克罗地亚	3	3+	3+	4-	3+	3	4+	3+	3+	3	3-	3+	3+	3-	3-	3
爱沙尼亚	3+	4+	4+	4+	3-	4	4	4	4-	2+	4	4-	3+	3	3-	3-
匈牙利	4	4-	4-	4	3	4	4	4	3+	4-	4-	3+	4-	3	3	3+
拉脱维亚	3	4-	4-	3+	3+	3+	3+	3+	4	2+	4-	3+	3+	3	2+	3
立陶宛	3+	4-	4-	3+	3+	4	4	3+	4	2+	3	3+	3+	3	2+	3
波兰	3+	4-	4-	3+	3	3+	4	4-	4-	4-	4	3+	3+	3	3+	4-
斯洛伐克	4-	4+	4	3+	3	4	4-	3+	3+	3-	3	4-	3+	3+	2+	3
斯洛文尼亚	3-	3+	4	3+	3+	3	3+	3+	3+	3	3	3+	3+	3	2+	3
阿尔巴尼亚	3-	2+	3-	3-	2	3-	2+	2	3-	2+	2	3-	2	2+	1	2-
波黑	3-	2	2-	2	3	2+	4-	2	2+	3-	3+	3-	2+	2+	1	2-
保加利亚	3	3+	3+	3+	3	3	4-	3	3+	3-	3+	3	3+	3-	3-	3
马其顿	3-	2+	3-	4-	2+	3-	4-	3	3-	3-	3-	3-	2+	2+	1	2-
黑山	2+	2	2+	4-	2	3	4-	3	3+	2+	2	3-	2+	2+	1	2
罗马尼亚	3-	3+	3+	4-	3+	4-	3+	3+	3+	3-	4	3-	3	3-	2+	3
塞尔维亚	3-	3-	3-	2	2	2+	3	2	3	3-	3	3-	3	3-	2-	3-

续表

类别 国别	企业部门			能源			基础设施					金融部门				
	农业经济	一般工业	房地产业	自然资源	可再生资源	电力	通信	水资源和污水	城市交通	公路	铁路	银行	保险和其他金融服务	中小企业融资	私人股本	资本市场
土耳其	3 −	3	3 +	3 +	3 +	3 +	3 +	3	3 +	2 +	3 −	3	3 +	3 −	2 +	4 −
亚美尼亚	3 −	3	3 −	3 −	3 −	3 +	3	3 −	2 +	3 −	2 +	2 +	2	2 +	1	2
阿塞拜疆	2 +	2	2	2 +	2	2 +	2 −	2 −	2	2 +	2 +	2	2	2	1	2 −
白俄罗斯	3 −	2 +	2	1	2	1	2	2 −	2	2	1	2	2	2	1	2 −
格鲁吉亚	3 −	3 −	3 −	2	3 −	3 +	3 −	2 +	2 +	2 +	3	3 −	2	2 +	1	2 −
摩尔多瓦	3 −	2 −	2 +	3	2 +	3	3	2	3 −	3 −	2	2 +	2	2	2 −	2 +
乌克兰	3 −	2 +	3 −	2 −	2 +	3	3 −	3	3 −	3	2	3 −	3 −	2	2 +	3 +
俄罗斯	3 −	3 −	3 −	2	2 +	3 +	3 +	3	2 +	3	3 +	3 −	3 −	2	2 +	4 −
哈萨克斯坦	3 −	2	3	2 −	2	3 +	3	3	2	3	3	3 −	2 +	2	2 −	3
吉尔吉斯斯坦	2 +	2	2 +	2 +	2	2 +	3	2 +	2	2 +	1	2	2 −	2 −	1	2 −
蒙古国	3 −	2 +	2	2	2 +	2 +	2 +	2	2 +	2 −	1	2	2	2	2 −	2 +
塔吉克斯坦	2	2 −	2 −	1	2 +	2 +	2 −	2 +	2	2 −	1	2	2 −	2 −	1	1
土库曼斯坦	1	1	1	1	2 −	1	2 −	1	1	1	1	1	2 −	1	1	1
乌兹别克斯坦	2	2	2	1	2 −	2 +	2	2 −	2	1	3 −	1	2	1	1	1

资料来源：欧洲复兴开发银行 *Transition Report* 2010。

· 185 ·

表6-9显示，在所有29个转型国家的总共464个部门里，56个部门转型得分在4-至4+，207个部门转型得分在3-至3+，166个部门处于2-至2+，39个部门转型进展得分仅为1分。通过对这些数值进行简单的加减计算（+0.33或-0.33），我们可以比较这些不同国家的转型进展程度。例如，3+就是3.33，3-就是2.67，然后再取平均值，得到的结果是，取得最高分的部门是通信部门（3.08），最落后的部门是私人股本（1.76）。而在国家层面，转型进展指数得分最高的国家是中欧和波罗的海国家（CEB），其中得分最高的是匈牙利（3.56），波兰和爱沙尼亚位居第二（3.48），所有转型国家中，来自独联体的土库曼斯坦得分最低（1.08）。

最后，根据上述得分，我们将中东欧国家按不同地区进行归类，用折线表示如图6-12所示。

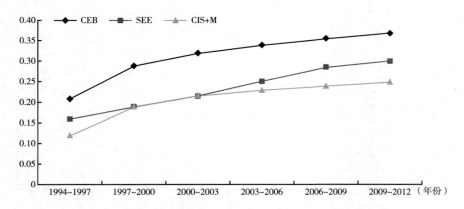

图6-12　1994~2012年三个转型地区转型进展平均得分

资料来源：欧洲复兴开发银行：*Transition Report* 2012。

在与欧盟经济一体化的过程中，中欧与波罗的海国家（CEB）向市场经济转型取得重大进展，为所有29个转型国家中的典型代表。根据1994~2012年转型报告中转型进展指数，通过简单运算，我们发现代表CEB转型国家的曲线一直在代表东南欧国家（SEE）

的曲线之上，而代表独联体和蒙古国（CIS + M）的曲线一直在最底端。这充分说明1994~2012年，原苏东29个转型国家中，中欧和波罗的海国家转型进展最快，东南欧国家的转型进展次之，而独联体国家和蒙古国的转型进展最慢。2004年，东南欧国家转型进展速度又缓慢上升，其中保加利亚、罗马尼亚为加入欧盟一直不断改进，加快向市场经济转型，为这个群体转型进展得分提高贡献很大。前文中我们根据特定标准将中东欧10国的结构基金吸收率的表现划分为较好、一般和较差。其中表现较好的国家为波罗的海三国；表现一般的国家为维谢格拉德集团、斯洛文尼亚；表现较差的国家为罗马尼亚和保加利亚。因此，所有的中欧和波罗的海转型国家的结构基金吸收能力都较好，而属于东南欧转型国家的罗马尼亚和保加利亚的结构基金吸收率表现较差。由此，我们可以得出结论：转型进展得分高，即转型进展速度快的国家，其结构基金的吸收能力也较好，二者之间存在着明显的正相关性。

第七章 后转型阶段中东欧国家
发展新动向

第一节 中东欧国家进入后转型阶段

1. 后转型阶段的界定

转型是一个系统的制度变迁过程，原计划经济国家向市场经济转轨是人类历史上规模最大、程度最深且影响最全面、最深远的制度变迁。其深度、难度、复杂性、全局性和系统性都前所未有。转型总体看可以分为三个阶段的制度演进以及与此相伴的经济社会发展，当然，不同的转型方式很大程度上制约了转型各阶段演变的制度组合和发展成像，在这里我们主要分析以激进方式，即以西方化为导向、以宪政民主和市场经济为目标的转型。

第一阶段是转型启动阶段，这个阶段是打破旧制度、建立新制度的过程。在政治上，当政者以政治多元化、公开化作为执政合法性来源，至少在形式上民主政治成为执政者树立和巩固其政治合法性的主要体现。在经济上，是政府向私有经济、向市场让渡资源乃至权力的"国退民进"的改革过程。由于这个阶段是打破原有利益结构及其重构的过程，因而结果通常是原有经济社会秩序的破坏，并伴随着经济衰退、两极分化、社会矛盾的全面爆发。第二阶段是"由乱向治"的过程。在新制度框架下经济社会秩序逐渐恢复，转型国家在这个阶段普遍出现较快的恢复性增长，因而这也是自计划经济国家决定向市场经济转型后，市场经济体制的优越性得以充分展示的阶段。在这个阶段，前期制度变革的破坏性释放基本结束，实现稳定与发展成为全社会的共识。这也是苏东国家始于20世纪80年代末的民主化浪潮及之后的"意识形态化"社会变革由狂热、冲动、幻想、迷茫，最终归于现实尘埃落定的阶段。在这个阶段各国逐渐形成了不尽相同、各具特色的民主制度和市场经济制度，一方面，是这些转型国家主动或被动地遵循西方宪政民主和市场经济的基本原则；另一方面，转型国家也依据各国所处的不同发展阶段及条件进行了调整，使其发展道路、发展模式的确定更加符合自身国情。这一阶段，非正式制度，例如历史、文化、传统的差异性对一国制度的建立与发展的影响凸显，人们也更加关注制度移植过程中不能忽视国情和历史因素。由此，各国及世界范围内，对制度转型的认知也更加客观、现实，从最初以新自由主义为导向、过于理想化的改革狂热转向了更加理性也更加全面地思考原计划经济国家在步入市场经济过程中的发展道路及发展模式的选择问题。

第三阶段则是大规模的制度变迁过程结束、市场机制建立并得以稳定运行的阶段。新兴民主政治形成的过程中，外来制度模式与本土传统融合成与各国相适应的、带有自身发展特点的民主模式及市场经济模式。在这个阶段，苏东国家的民主化市场化转型进程基本结束。这并不意味着它们达到了最初设定的目标，即建立了如同美国抑或是西欧的民主制度。特别是原苏联国家，以政治多元化、民主化为目标的政治转型最终趋同于政治集权化或曰威权政治，与西方宪政民主的基本原则明显背道而驰。然而，经济上国家的角色、作用与影响却发生重大改变，市场规律成为经济体系与运行的核心机制。因而，即使是没有达到设定的转型目标，但仍可以视原苏联国家的体制转型阶段基本结束。其原因是，这些国家的经济发展阶段及发展条件下，受历史和传统的影响，在相当长的历史时期，期待这些国家建立西方式的民主与市场并稳固下来是不现实的，目前阶段很大程度上即是完成时态而非过渡阶段。当然，不能否认，这些国家很大程度上尚存在发生社会变革的可能性，但是，在地理、民族、宗教、传统、历史，特别是所谓的地缘政治经济等一系列内外部因素的综合作用下，笔者认为，路径依赖或发展的惯性将促使新政权依然难以摆脱其发展的原点，至多是政治精英的你方唱罢我方登场，以及有限的边际革新，原苏联空间国家出现制度西方化的颠覆性结果并得以存续的可能性极小。

与原苏联国家不同的是，对于另一激进式转型群体——中东欧国家来说，第三个阶段的划分界限则非常清晰，这就是中东欧国家加入欧盟（及北约）。以入盟、入约为标志的"回归欧洲"，本身就是这些国家政治民主化和经济市场化制度转型达标的标志。

经过了上述三个阶段后，转型国家便进入后转型时期。这既是一个新的发展阶段，同时，它又与前期无法割裂、紧密相连甚至是互为因果。后转型阶段转型国家普遍具有以下发展特征：第一，经济的持续增长因结构弊端受到阻碍，调整前期增长目标约束下的结构固化问题，转变经济增长方式进而以结构调整带动新的可持续快速增长成为转型国家经济发展的主要任务；第二，政治上或左或右的执政轮换并不会使大多数的转型国家偏离宪政民主的发展轨道；第三，对外关系上，转型国家明显地朝向"去意识形态化"的发展导向，对外政治经济关系更加务实、多元化、东西方兼顾，除了中东欧国家面对俄罗斯依然难以摆脱历史的恩怨纠葛，甚至不惜以牺牲经济利益而将政治立场置于首位；第四，毋庸置疑，后转型阶段的主要任务不再是大规模的制度转型，而是可持续经济发展及社会制度完善。

后转型阶段划分的重要意义在于，它将转型国家打上了独特的标签和烙印。中东欧国家抑或是原苏联国家是一个特殊的群体，作为曾经的计划经济国家，尽管经过了近三十年的制度转型，它们有着西方国家的样貌，也与其他发展中国家有着相似的发展中的各种问题，但传统体制的路径依赖与发展惯性依然存在，制度遗产并未消失殆尽，后转型阶段制度的深化与调整依然是其发展中的普遍问题，而对于俄罗斯等国家来说，"我是谁"及"向何处去"的传统难题依然是现实问题，需要我们从其转型的独特视角来审视和剖析。

2. 中东欧国家后转型阶段的界定

中东欧国家体制转型至今已逾 25 年，绝大部分的中东欧国家已经加入欧盟，大规模的制度转型已经结束，那么，该如何界定它们当前所处的阶段？早在 20 世纪 90 年代，学术界就探讨过转型何时结束的问题。例如，1995 年，时任捷克总理瓦茨拉夫·克劳斯（Vaclav Klaus）提出捷克的转轨已经结束。[1] 美国哥伦比亚大学教授扬·什韦纳尔（Jan Svejnar）认为，经济转轨作为一个过程完成需要两个条件：一是放弃中央计划，中央计划不再作为经济中的配置和分配机制；二是中央计划和直接的政府干预被有效运行的市场体系所取代。满足第二个条件可视为转轨的结束。[2] 当然，一种普遍的观点是将加入欧盟看作中东欧国家体制转型结束的标志，因为加入欧盟必须达到欧盟确立的经济市场化与政治民主化的制度标准，包括《欧洲协定》"哥本哈根标准"等在经济和政治上的具体标准及要求。与此不同的是，欧洲复兴与开发银行在 2003 年的

---

[1] Marie Lavigne, What Is Still Missing, in Brown N. Annette ed. , When Is Transition Over, MI: W. E. *Upjohn Institute for Employment Research*, 1999. p. 14. 转引自孔田平《国际金融危机背景下对中东欧经济转轨问题的再思考》，《国际政治研究》2010 年第 4 期，第 18 页。

[2] Jan Svejnar, Transition Is Not Over, but Note the Merits of Central European Model, in Brown N. Annette ed. , *When Is Transition Over*, p. 77. 转引自孔田平《国际金融危机背景下对中东欧经济转轨问题的再思考》，《国际政治研究》2010 年第 4 期，第 18 页。

《转轨报告》（*Transition Report*）中明确提出，加入欧盟并不意味着转轨的结束。[①] 波兰经济学家格热戈日·W. 科洛德克（Grzegorz. W. Kolodko）也认为，尽管欧盟正式成员国地位意味着新成员国拥有可运行的市场经济，但是，成员国地位并不能决定体制的实际成熟度。[②] 来自俄罗斯社会科学院经济研究所的专家团队也一致认为中东欧国家的社会转型还在继续，过渡时期没有结束。并且有相当多的经济学家和政治家认为，中东欧的后社会主义转型可能还将持续 20 多年。[③]

从建立宪政民主和市场经济的体制转型的目标看，中东欧转型的基本任务已经完成，以多党政治制度为核心的宪政民主与市场经济制度已经得到建立并有效运行。相比其他转型体，中东欧国家的这一历史进程更加清晰地分为三个阶段，第一个阶段是全面、大规模的制度转型，即打破旧制度、建立新的制度框架和机制，包括建立三权分立的宪政民主制度和以私有经济为核心的市场经济。这个阶段的始点可以追溯到东欧政治剧变，这些国家明确向西方政治经济制度转轨，其终点即是第二阶段的始点，大规模的制度变迁结束，恢复政治秩序，在新建立的市场经济制度框架下经济开始恢复增长，总体看这个阶段发生在 20 世纪 90 年代中期。该阶段的特点是政治上基本形成了三权分立的宪政民主，政治秩序基本稳定，民主政治逐步走向成熟；经济上则突出地表现为较快的恢复性增长及各项经济指标的利好趋势。特别是波兰、匈牙利、捷克、斯洛伐克等转轨的"优等生"，其良好的经济社会指标为世界所瞩目。第三

---

① Transition report 2003: Integration and regional cooperation. www.ebrd, com.

② Grzegorz W. Kolodko, The Great Transformation 1989 – 2029, Could It Have Been Better? Will It Be Better?" *UNU – WIDER*, *Working Paper No.* 2010/40, http://www.wider.unu.edu/publications/working – papers/2010/en_ GB/wp2010 – 40/_ files/83469469692723207/default/wp2010 – 40. pdf.

③ Отв. ред. И. И. Орлик, *Основные тенденции во взаимоотношениях России и стран Центрально-Восточной Европы*. Российская Академия наук, Институт экономики. Москва, 2015, ст. 16.

个阶段是中东欧国家入盟并进入后转型时期（Post-transition period）。至今，中东欧16国中有11个国家加入了欧盟即已经进入后转型时期。

入盟是中东欧国家完成从计划经济向市场经济体制转型的主要标志。然而，入盟后中东欧国家依然与西欧国家在制度上有着相当的差距，一方面，是其正式制度层面，包括民主政治和市场经济运行的质量及其稳定性问题在这些国家依然存在；另一方面，更为重要的是，民众对民主和自由竞争的市场经济的认知与忠诚度，作为发展中国家，其大部分民众仍将民主与市场视为走向繁荣的渠道，民主是手段而不完全是目标或者是信仰，因而，中东欧国家近些年出现的左翼回归表明，中东欧国家的民主远未达到成熟的制度水平。其转型国家的基本特征尚未完全消退。同样，在经济上，与体制转型一脉相承的经济结构失衡及增长方式调整等转型国家共同的问题，在中东欧国家同样突出。因此，我们将中东欧国家独有的既不同于其他转型国家又不同于其他制度既定国家的制度发展状态称为后转型阶段。

第二节　欧洲一体化进程中多重危机叠加

以欧洲煤钢共同体为前身的欧洲一体化进程自第二次世界大战后发展过来，几乎是以线性、递增的发展趋势不断壮大。其包容的民主与市场制度，平稳优质、持续增长及良好的社会福利，对落后的欧洲地区特别是从苏联模式计划经济归来的中东欧国家产生了强大的吸引力和感召力，这16个国家追赶式的入盟进程使得欧盟经济政治一体化有了前所未有的实质性内容，劳动、资本等生产要素的自由流动，区域内市场的扩大以及欧盟整体经济政治影响力迅速扩大，作为世界经济总量最大的群体及最大的一体化组织，欧盟创造了历史上最为成功的区域一体化。然而，这一地区的一体化进程并非一帆风顺，自欧盟宪法危机开始，围绕着欧盟内部新老成员国及大小国之间的利益分歧与较量就已开始，[①]特别是 2008 年以来，国际金融危机以及后续发生的欧债危机、难民危机、"英国脱欧"等一系列经济政治危机给欧盟一体化发展带来了前所未有的冲击。

1. 国际金融危机、欧债危机对欧盟经济社会的冲击

2007 年发端于美国的次贷危机迅速席卷欧洲，这源于欧洲与美国高度的金融联系与合作。作为世界两个最发达经济体，也是金融产品最为发达的地区，欧洲首当其冲，其中最重要的表现就是金融资本的迅速抽逃，这对于严重依赖金融资本发展的欧洲市场来说，其感受到的是釜底抽薪之痛，资金链的断裂迅速波及整体经济。2009 年欧盟 28 国和欧元区 19 国的经济都遭受重创，平均跌幅达到 4.37% 和 4.52%，是自欧盟形成后遭遇的最严重的经济重创。一波未平一波又起，在整个欧洲市场环境恶化的背景下，欧元区又发生债务危机。欧债危机中，希腊等国发行的国债大量被欧洲金融机构内部"消化"，愈演愈烈的主权债务危机令欧洲金融形势吃紧。受债务危机影响，欧洲金融市场陷入剧烈动荡，欧元信心遭遇沉重打击。希腊债务危机爆发的半年多时间里，欧元对美元汇率累计下挫约 20%，债务危机对于欧洲经济的杀伤力由此可见一斑。更为重要的是，债务危机对经济信心造成重创，导致私人消费和投资萎缩，令国际金融危机后原本脆弱的欧盟经济复苏失去两个重要的增长引擎。此外，就业形势变得严峻，失业率居高不下，截至 2010 年 4 月，欧元区失业率已升至 10.1%，创下 1998 年后的新高，欧盟失业率则升至 9.7%。消费增长反弹势弱，民众的生活水平明显下降。[②]

---

① 朱晓中：《欧洲的分与合：中东欧与欧洲一体化》，中国社会科学出版社，2017。

② 丁纯、林熠星：《后欧债危机时期欧盟经济社会的表现、原因与前景》，《同济大学学报》（社会科学版）2016 年第 6 期，第 29～30 页。

　　欧债危机的爆发加剧了欧洲内部地区间发展的不平衡，欧盟内各成员国间收入与财富水平的差距有所加大，2012 年至 2015 年，欧盟国家的平均基尼系数从 30.4% 升至 31%。① 贫富差距的拉大导致欧盟内部发达国家与次发达国家间的分歧加剧，利益的不一致更加突出，这是欧盟一体化进程中遭遇的前所未有的挑战。

2. 难民危机撕裂了新老欧洲的和谐

　　2015 年爆发的欧洲难民危机则进一步加剧了欧盟内部各成员国的利益分歧与矛盾。2013 年起，欧盟经济出现恢复增长，似乎预示着国际金融危机和欧债危机后欧盟不利的发展趋势开始逆转。然而，2015 年上半年开始爆发的难民危机却给刚刚复苏的欧洲形势带来了更大的挑战。来自叙利亚、利比亚等中东、北非地区的难民源源不断地涌进欧盟地区，并逐渐超过欧洲各国的收容能力。而且，难民涌入给各国带来的社会安全问题也迅速放大，令欧盟各国不堪重负，成为欧洲各国的共同难题。也许是新欧洲国家并不想为老欧洲国家背这个黑锅，而面对难民问题进一步暴露出的新老欧盟成员国之间的分歧则是这一危机带来的更大的负面影响。

　　有趣的是，难民危机中，捷克、斯洛伐克等中东欧 "新欧洲" 国家首次集体性地公开对老欧洲国家说 "不"，公然对抗德法提出的接受难民的分摊原则，在拉脱维亚，数百人举行抗议活动，反对内政部长投票赞成难民分摊计划。分摊计划并没有考虑新欧洲国家与老欧洲国家在经济发展水平及民众认识方面的差距与差异，新欧洲国家落后的状况并没有因加入欧盟而发生实质性改变，与发达老欧洲国家的距离依旧很远。就连中东欧国家中较为发达的匈牙利也明显落后于西欧，加上宗教信仰方面的差异导致中东欧国家在心理上不愿意接受难民，并因此与老欧洲国家发生龃龉。当然，中东欧

---

　　①　资料来源：欧盟统计局：http://ec.europa.eu/eurostat/。

国家拒绝接受难民，与难民潮形成的责任归属有关。中东欧国家认为与德、法、英不同，东欧国家没有殖民历史，另外，自己并未插手中东战乱国家的事务，因此它们不负有对中东难民的愧疚和责任，不愿与老欧洲国家共同承担难民危机的后果。

国际金融危机、欧债危机及欧洲难民危机多重危机叠加给中东欧国家的"欧洲化"道路蒙上了阴影，入盟的红利越来越多地被一体化的负面影响所取代。应该说，国际金融危机、欧债危机及欧洲难民危机对欧盟的一体化发展进程造成的冲击具有历史转折意义，特别是从中东欧国家的视角看待这个问题，会明显地体会到这一点。多重危机的爆发使新欧洲国家之前的美好愿景蒙上了重重的阴影，如果说此前中东欧国家加入欧盟的红利是主流，那么，这一系列危机爆发后，中东欧国家更多地感受到了加入欧盟所要付出的沉重代价。如果说金融危机和欧债危机给中东欧国家造成的打击主要是经济和福利方面损失的话，那么，难民危机则给中东欧国家带来文化上抑或是精神层面上的冲击，欧盟不再像"神话"般美好，其利与弊更加充分地暴露出来。

3.英国脱欧对欧盟一体化的影响

加入欧洲一体化进程 43 年的英国最终通过公投的方式决定退出欧盟，虽然这看起来极富戏剧性和偶然性，然而，英国的去意并不是一蹴而就，在欧盟治理机制与成员国应对危机方面，英国素来与德法及欧盟成员国间有着难以弥合的分歧。作为欧洲地区经济最为发达的国家之一，英国不愿意被落后的新欧洲国家所拖累，更不愿为其转移支付埋单，其一贯主张贸易自由化、深化欧洲单一市场、减轻行政负担进而提高欧盟竞争力。[①] 然而，最终造成英国脱欧这一事实的主要原因应该是 2008 年发生在欧盟

---

① 姜琍：《英国脱欧对欧盟和中东欧国家的政治影响》，《俄罗斯东欧中亚研究》2017 年第 5 期，第 109 页。

的一系列经济社会危机，其中最为关键的是前述多重危机。可以说，英国脱欧本身是危机造成的影响的集中爆发，而非危机本身。英国最终退出欧盟是全民公投的结果，超过半数的民意起了决定性的作用，而这主要是源于国际金融危机、欧债危机，特别是难民危机，这也许就是那颗最后压倒骆驼的稻草。难民问题及其带来的宗教问题、社会问题促使整个欧洲包括英国在内，走向保守化。

当然，英国脱欧又进一步带来一系列负面影响，其影响可能更加深远。英国脱欧首先严重削弱了欧盟的经济影响力，英国是欧盟第三大经济体、第三人口大国和欧盟预算第三大贡献国，欧盟的一些重要组织设立在英国。英国脱欧不可避免地使原有的欧盟内经济体系受到破坏。英国脱欧开了成员国退出欧盟的先河，欧盟的完整性被破坏，这很难说就是结束，英国的脱欧会对其他欧盟成员国产生示范效应，目前英国脱欧进程还未结束，其后果还在发酵中，其结果很大程度上取决于欧盟自身制度的完善及其经济社会发展趋势。德法两国尽管在英国脱欧后其核心领导地位和权力空间有所增强，德法两国在努力维持欧盟的中心不被动摇，但堡垒是从内部攻破的，德法两国也不是固若金汤，右翼政党虽未取得执政权，但其政治影响力在明显增强。未来欧盟的发展在英国脱欧之后不能不说增加了不确定性，疑欧主义甚嚣尘上。

英国脱欧使得欧盟处境有些尴尬，以德法为首的老欧盟成员国迫于现实提出"多速欧洲"方案，通过推进改革、重塑欧盟秩序以缓解一系列危机造成的不利局面。不难看出，在这样的欧洲发展形势下，中东欧国家以往仅靠欧盟、依赖老欧洲发达国家扶持的发展路径已经不可持续。对于中东欧国家来说，入盟的红利大规模体现的阶段基本结束，这一红利的主要含义是中东欧国家入盟进程中，来自老欧洲国家的政策推动和资金援助，以及发达的老欧洲国家在自身良好发展过程中对新欧洲国家的经济社会联动。

第三节　中东欧国家发展方向的
调整与新动向

1. "欧洲化"发展方向不可逆转

尽管遭遇前述多重危机，但已经回到欧洲的中东欧国家"欧洲化"发展的基本方向并未发生改变。对于中东欧国家而言，"回归欧洲"的目标是内生的，源于其文化传统、历史渊源、发展诉求、地缘政治经济等多方面的综合因素。在经济转型历程中，中东欧国家顺应经济全球化浪潮，实现与欧洲的一体化对中东欧各国经济发展具有极大的促进作用，中东欧国家已在财政、金融、货币、对外贸易等方面与欧洲市场经济体系全面融合。

与欧洲在经济和制度方面融合的巨大存量，使得中东欧国家需要进一步深化和完善在欧盟体系内的经济运行机制并加深与其各层面的合作，包括加入欧元区。英国脱欧之后，非欧元区的势力与谈判权力受到极大削弱，这是否会促使非欧元区国家特别是拒绝加入欧元区的国家改变初衷而选择加入欧元区，这还有待观察，但显然被孤立甚至是被边缘化不是优先选择。继续"欧洲化"的发展方向意味着中东欧国家加快推进现代化进程，以更强的姿态参与全球化竞争。从这个角度看，中东欧国家加入欧盟可以界定为三个阶段：第一阶段是申请加入欧盟，并且积极按照欧盟提出的标准进行政治经济体制转型；第二阶段是已经加入欧盟，逐渐将政治经济体制与欧盟实现对接，确保欧盟各项政策能够在中东欧国家得到最好的体现；第三阶段则是借助欧盟的规模效应和广阔市场空间助推实现经济现代化，并以此来提高国家竞争能力。[①]

总体上看，无论是在经济上还是观念认同上，以欧盟为核心

---

① 　殷红、王志远：《中东欧转型研究》，经济科学出版社，2013，第 186～188 页。

的欧洲是唯一不可替代的。此外，中东欧国家均为小国，其弱势地位要求它们必然选择大国为其发展及安全提供保障。经过多重经济社会危机的洗礼，民众对于中东欧国家起伏兴衰的认识，直接决定了中东欧国家转型的大方向。尽管在部分国家出现了对经济现实的失望和欧洲共同政策的不满情绪，但总体上民众仍然寄希望于在现行体制下减轻危机的不利影响，仍然选择中东欧转型与发展的总体方向和步伐，"逆一体化"还未出现，[①] 中东欧转型仍然会沿着原有的路径继续深化而不会出现根本方向的逆转。

2. 从唯"欧洲化"转向多元化发展路径

但是，多重危机，特别是国际金融危机暴露了中东欧国家过度依赖欧盟、唯"欧洲化"发展的局限与弊端。尽管这种全面融入世界使中东欧国家获得了巨大的市场空间，并且能够得到欧盟的多项援助和补贴，但这也为国际金融危机向中东欧国家传导带来了隐患。这种过度融入欧洲的发展模式所带来的经济繁荣，事实上也使中东欧国家的经济安全处在相当低的水平，在抵御外来冲击和金融冲击方面，这方面的弊端就开始暴露无遗。

2008 年国际金融危机爆发之初，最先受到影响的是西欧国家，上半年中东欧国家几乎没有受到金融危机的直接冲击，金融机构和金融市场表现得较为稳定，整个宏观经济形势明显好于西欧国家。但在下半年，中东欧国家的经济形势开始急剧恶化，主权债务危机、信贷危机、货币危机等严重问题几乎在同一时间光顾中东欧，理论界关于中东欧国家经济濒临崩溃，甚至引发世界第二波经济危机的观点开始出现。这说明，金融危机的传导链条是从西欧到中东欧的逐渐蔓延，中东欧国家受到西欧国家的影响主要表现在对外贸易、引进外资等方面。欧洲是中东欧国家最大的贸易伙伴，早在加

---

① Отв. ред. И. И. Орлик, *Основные тенденции во взаимоотношениях России и стран Центрально-Восточной Европы*. Российская Академия наук, Институт экономики. Москва, 2015, ст. 24.

入欧盟之前中东欧国家就已经实现了与欧洲国家对外贸易的快速发展，但从中东欧国家贸易对象国来看，存在着过度依赖欧洲市场的情况。对于新兴经济体国家，依靠比较优势、利用外部市场，是实现经济赶超发展的必由之路。早在中东欧国家转型初期，当时面临的最大难题是如何与西欧国家建立对外贸易关系，由于东欧剧变前对外贸易主要集中在经互会成员国，贸易渠道非常单一。这种在斯大林"两个平行市场"理论倡导下建立的组织解散后，西欧国家自然成为中东欧国家开展对外贸易的首选对象。但从当前中东欧国家进出口结构看，无论是进口国还是出口国，都集中在欧洲国家，尤其是西欧国家，这使得在金融危机影响到西欧国家经济之后，由于国内投资和消费的萎缩，对中东欧国家的产品需求也出现大幅度减少，进而使中东欧国家出口受阻，经济增长乏力。从这个角度看，中东欧国家出现经济下滑的时间与西欧国家相差近半年也就不足为奇了。正是由于对外贸易的链条式传导，中东欧国家的出口市场空间才急剧缩小。显然，这次危机给中东欧国家提出了新的课题，那就是如何在与西欧国家保持紧密对外关系的同时继续扩大对外贸易伙伴，实现出口国和进口国的多元化发展。

事实上，促使中东欧国家从"唯欧洲化"的发展路径转向多元化特别是加强与东方合作的重要原因是这些国家在融入欧盟一体化过程中产生的地区分化。"大规模的财政支持并不能确保新成员国实现其拉近与西欧的生活标准的预期"。[①] 在入盟的过程中，中东欧国家与老欧洲国家的发展水平在继续拉大。尽管经过了 20 多年的经济社会转型，中东欧国家仍然实质性地落后于欧洲平均水平，其主要表现是：劳动生产率水平低，大多数企业的竞争力水平低，创新经济部门的数量相当有限，工业部门金融经济状况不稳

---

① Отв. ред. И. И. Орлик, *Основные тенденции во взаимоотношениях России и стран Центрально-Восточной Европы*. Российская Академия наук, Институт экономики. Москва，2015，ст. 21.

定，经济结构改革尚未完成，农业发展落后，等等。与西欧国家相比，东欧地区变成了落后的欧洲，即使是捷克、斯洛文尼亚这些中东欧最发达的国家，其人均 GDP 也比欧洲平均水平低 40% ~ 20%，而最落后的罗马尼亚和保加利亚则仅为前者的 40%。波兰，这个中东欧国家中经济增速和发展水平都较高的国家，也在入盟的过程中逐渐失去了自己的地位，为此，有学者指出，"近期明显地看出，波兰的追赶发展模式即将耗尽，当下的任务是转向新的社会经济生活模式，以确保其后工业社会建设阶段的社会进步"。①

此外，中东欧各国之间以及各国的地区之间的分化也在加剧，这严重影响了统一欧洲的和谐与发展。"东欧国家加入欧盟并未能克服欧洲的分裂，分歧和对立依然存在。形成二等成员国的趋势在加剧"。② 俄罗斯学者甚至认为，在欧洲一体化进程中"欧洲的安全威胁远比冷战时期大得多"。③

上述问题加之国际金融危机后欧盟遭遇的一系列经济社会危机表明，中东欧国家在享有入盟诸多益处的同时，也不可避免地要为之付出代价，甚至要承担其整体经济不振的拖累、为共同欧洲理念付出国家安全及社会稳定的沉重代价，这促使中东欧国家在后转型时期相应地做出发展路径与政策的重要调整，即从转型时期聚焦欧盟的"唯欧洲化"转向更加多元、务实的全方位合作，以增强其发展的独立性和自主性，尽可能地减少对外部的依赖及其制约。

3. 加强与俄罗斯的务实合作

中东欧国家在 20 世纪 90 年代初确定"回归欧洲"的发展目

---

① Синицина. И. От социализма к демократии: некоторые вопросы новейшей истории Польши. *Мир перемен*, 2014, № 2. С. 62.

② Отв. ред. И. И. Орлик, *Основные тенденции во взаимоотношениях России и стран Центрально-Восточной Европы*. Российская Академия наук, Институт экономики. Москва, 2015, ст. 34.

③ *Современная Европа*. 2000, № 2, С. 49.

标并与俄罗斯"分手",在之后的十多年时间里,总体上中东欧国家与俄罗斯的关系处于"半冷冻"的状态。这一方面是由于这些国家自身出于转型和发展的需要主动选择放弃俄罗斯,其中一些国家因为历史恩怨更是视俄罗斯为宿敌;另一方面,来自欧盟和北约的政治压力也是重要原因之一,欧盟会通过金融等手段对个别中东欧国家因加强对俄关系而进行施压。① 当然,中东欧国家对俄罗斯的关系不尽相同,例如,匈牙利在对俄关系上始终坚持自己的利益,并在东西方间的贸易中扮演了中转站的角色。2006 年匈牙利时任总理久尔恰尼·费伦茨(Gyurcsany Ferenc)提出,"匈牙利在1990 年后因为政治原因放弃了俄罗斯市场是犯了巨大错误"②。在2014 年西方对俄罗斯实施经济制裁后,中东欧国家的态度也不尽相同。捷克表示反对继续与俄罗斯在核电站方面的合作,而匈牙利领导人则支持继续在核电站建设方面扩大与俄罗斯的合作,并继续购买俄罗斯的军用设施;斯洛文尼亚在对俄关系方面也采取了务实的政策。中东欧国家中,塞尔维亚是一贯明确和持续地与俄罗斯保持着合作,不顾西方的压力,选择不与俄罗斯对抗。

中东欧国家恢复与俄罗斯的经济联系及合作始于 21 世纪初,其重要原因是这些国家经济的恢复增长进而对彼此经济合作的需求的增加。2001~2008 年中东欧国家对俄经济合作迅速加强,这个时期中东欧国家的 GDP 总量增长了 1.2 倍;同期俄罗斯 GDP 增长了 3 倍。这期间中东欧国家与俄罗斯的贸易额增长了 2.5 倍多。但是,中东欧与俄贸易量占俄罗斯贸易总量的比重却从 2001 年的14.1%下降至 2008 年的 8.3%;中东欧对俄贸易占中东欧国家贸

---

① Отв. ред. И. И. Орлик, *Основные тенденции во взаимоотношениях России и стран Центрально-Восточной Европы.* Российская Академия наук, Институт экономики. Москва, 2015, ст. 22.

② Отв. ред. И. И. Орлик, *Основные тенденции во взаимоотношениях России и стран Центрально-Восточной Европы.* Российская Академия наук, Институт экономики. Москва, 2015, ст. 23

易总额的 5%。①

中东欧国家对俄贸易额增长的重要原因是石油和天然气进口的增加，其比重达到了中东欧国家从俄罗斯进口额的 90%，其中，波兰为俄罗斯石油和天然气的第一大进口国。中东欧国家向俄罗斯出口的产品以加工制造品为主。

表 7 - 1　2012 年中东欧国家的总贸易额和非原料贸易额中俄罗斯的占比

单位：10 亿美元

类别	总贸易额	非原料贸易额
中东欧国家贸易额	1453. 5	1303. 1
其中：出口	721. 2	675. 6
进口	732. 3	627. 5
中东欧国家与俄罗斯的贸易额	88. 6	34. 2
其中：出口	26. 1	25. 9
进口	62. 5	8. 3
俄罗斯占中东欧国家贸易额的比重	5. 7	2. 6
其中：中东欧出口	3. 6	3. 8
中东欧进口	8. 5	1. 3

资料来源：eurostat. ec. europa. cu. Table 18/12/2013；Таможенная статистика внешней торговли РФ. М. : ФТС России，2012。

国际金融危机爆发后，中东欧国家开始谋求多元化合作以减轻对欧盟过度依赖的发展动向显现，恢复和加强与俄罗斯的经济合作是其中的重要体现。2009～2011 年，中东欧国家普遍与俄罗斯签署了政府间合作协议，成立了政府间合作委员会，能源、食品等多个领域的经济合作迅速扩大，捷克、匈牙利及保加利亚等更是明显

---

① Отв. ред. И. И. Орлик，*Основные тенденции во взаимоотношениях России и стран Центрально-Восточной Европы.* Российская Академия наук, Институт экономики. Москва，2015，ст. 74.

加强了与俄罗斯的经济政治联系；即使是与俄罗斯宿怨极深的波兰也积极加强与俄罗斯的联系，后因斯摩凌斯克飞机失事事件而受阻。然而，总体上中东欧国家与俄罗斯以能源为核心的经济合作在不断加强，其贸易额也明显扩大。①

然而，2013 年乌克兰危机的爆发影响了这一发展趋势。在西方实施的对俄罗斯经济制裁及俄罗斯实施的反制裁措施中，中东欧国家都深受牵连（见表 7－2），特别是俄罗斯采取的反制裁措施对其影响较大。

表 7－2　西方对俄经济制裁与俄反制裁的内容

制裁领域	实施方	措施
金融领域	西方大国（制裁）	初期资产冻结→限制大型银行、企业的融资交易 ①禁止俄能源企业进入美国债务市场 ②禁止俄大型银行在欧盟资本市场的融资活动
	俄罗斯（反制裁）	①号召俄富豪将海外资产"去离岸化" ②批准俄联邦政府债券向银行业注资 ③建立本国支付系统
能源领域	西方大国（制裁）	禁止俄能源企业欧美资本市场的融资＋俄能源企业的钻探、试井、测井等服务和技术 ①欧美大力封堵俄能源巨头企业（俄罗斯石油公司、俄罗斯石油管道运输公司、俄罗斯天然气工业股份公司）在欧美资本市场的融资渠道 ②禁止向俄提供能源开采的服务和技术支持，阻拦俄深水石油开发、北极石油勘探及页岩油项目等
	俄罗斯（反制裁）	减少向欧盟部分国家的能源输送 ①停止向乌克兰的天然气供应 ②减少对波兰、斯洛伐克、罗马尼亚的天然气供应量

---

① 李斌：《新世纪俄罗斯与中东欧国家关系探析》，《西伯利亚研究》2012 年第 4 期，第 52～53 页。

续表

制裁领域	实施方	措施
军工领域	西方大国（制裁）	初期暂停军事合作→禁止军工产品及可能强化俄军力的高科技产品出口→禁止俄防务企业在美交易 ①取消所有可能强化俄军事力量的高科技产品出口许可 ②禁止向俄出口相关武器 ③冻结俄大型防务企业资产并禁止其在美交易
	俄罗斯（反制裁）	发布实施军品出口补贴
其他①方面	西方大国（制裁）	①俄官员——拒发签证、冻结资产 ②俄公司——冻结资产、增加营业限制
	俄罗斯（反制裁）	①西方官员——限制入境俄罗斯 ②农副产品——禁止进口波兰蔬菜、水果；禁止进口西方部分国家的农产品和部分食品 ③航空业——禁止航空公司飞经俄罗斯领空 ④汽车制造业——考虑实施保护政策

制裁涉及领域包括：外交、金融、能源及军事技术合作等领域

注：具体包括：①西方对俄政府官员、公司等实施的制裁；②俄对美政府要员、企业以及对欧美农副产品、航空业、汽车制造业等采取的反制裁。

资料来源：根据 MBA 智库百科、国际新闻资讯等资料整理。

欧盟是俄罗斯第一大贸易伙伴，自 2001 年开始俄欧贸易在俄罗斯外贸中的占比保持在 40% 以上，部分年份超过 50%，近 5 年这一比重基本保持在 44% 左右。图 7 - 1 表明，即便是受到经济制裁与反制裁的影响，2016 年俄欧贸易在俄罗斯外贸总额中的占比依然超过 40%，接近"半壁江山"。

欧盟中主要的对俄贸易伙伴是荷兰、德国、意大利、波兰、法国、英国及芬兰，这 7 个国家与俄罗斯的贸易额在俄欧贸易总额中所占比重超过 70%。而相当一部分国家，如克罗地亚、斯洛文尼亚、葡萄牙、爱尔兰、卢森堡等的占比不足 1%（见表 7 - 3）。

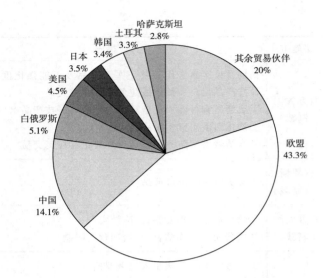

图 7 - 1　2016 年俄前八大贸易伙伴的贸易份额

资料来源：根据 IMF 资料整理。

表 7 - 3　俄罗斯与欧盟各国贸易额占俄欧贸易总额的比重

单位：%

国别	制裁前	制裁后
奥 地 利	1. 11	1. 14
比 利 时	2. 46	3. 90
保 加 利 亚	1. 29	0. 92
克 罗 地 亚	0. 46	0. 53
塞 浦 路 斯	1. 43	0. 17
捷 克	2. 50	2. 52
丹 麦	0. 87	1. 24
爱 沙 尼 亚	1. 11	1. 38
芬 兰	5. 20	4. 40
法 国	5. 14	5. 02
德 国	14. 82	17. 92
希 腊	1. 36	1. 16
匈 牙 利	2. 93	2. 13

续表

国别	制裁前	制裁后
爱　尔　兰	0.39	0.52
意　大　利	12.82	11.49
拉　脱　维　亚	2.10	3.40
立　陶　宛	1.89	1.37
卢　森　堡	0.05	0.07
马　耳　他	0.47	1.05
荷　　兰	19.96	19.78
波　　兰	7.21	6.61
葡　萄　牙	0.34	0.34
罗　马　尼　亚	1.27	1.22
斯　洛　伐　克	2.42	2.09
斯　洛　文　尼　亚	0.27	0.49
西　班　牙	2.43	2.52
瑞　　典	2.10	2.06
英　　国	5.60	4.56

资料来源：根据 UNCTAD 数据库整理。

表 7-3 和图 7-2 显示了经济制裁后中东欧国家对俄贸易额占其贸易总额比重的变化，中东欧国家对俄贸易普遍出现下降，其中，降幅较大的是波兰、保加利亚、匈牙利、立陶宛。拉脱维亚、爱沙尼亚、克罗地亚及斯洛文尼亚对俄贸易额的比重则有所增加。

如何判断未来中东欧国家的对俄关系呢？笔者认为，首先，基于欧盟及北约成员国的身份，中东欧国家与俄罗斯关系的发展，总体上不会偏离欧盟及北约与俄罗斯关系的基本方向。基于西方对俄罗斯仍然抱有冷战意识并采取战略防御甚至是对立，长期来看，中东欧国家对俄关系很难发生实质性的改进，特别是与俄罗斯有历史宿怨的立陶宛等国家，加上欧盟和北约的藩篱，更难以与俄罗斯重新建立战略友好关系。因此，21 世纪以来特别是国际金融危机后中东欧国家加强与俄罗斯的经济联系，是基于这些国家经济发展的

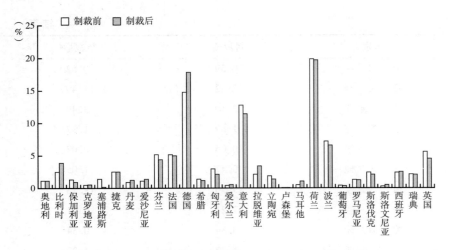

**图 7 - 2   经济制裁前后俄与欧各成员国贸易占
俄欧贸易总额的比重**

注：为体现制裁前后占比变化，以 2014 年为制裁分界点前后各取三年数
据分别计算 2011 ~ 2013 年和 2014 ~ 2016 年俄罗斯与欧盟各成员国间的贸易额
在俄欧贸易总额中的比重。

资料来源：根据 UNCTAD 数据库整理。

现实需要，在相对宽松的外部环境下进行的务实合作。一个明显的
事实是，总体上中东欧国家对俄采取的是将政治和安全利益置于经
济利益之上的政策，换言之，是以政治和安全为导向的务实经济合
作，这一点在中东欧国家对俄关系中尤为突出。

4. 扩大与中国合作的优先方向

中国在国际金融危机后表现出强大的发展动力与潜力，促使中
东欧国家开始加强与中国的经济合作，这一趋势在欧洲主权债务危
机后更加凸显，中东欧国家对于中国合作的需求明显提升，但这一
需求在当时还主要限于资金的需求。

2012 年成为中东欧国家与中国合作的重要转折点，中东欧与
中国 "16 + 1 合作" 机制启动，标志着以中东欧 16 国为一方、以
中国为另一方的 "16 + 1" 整体合作框架正式成立。该机制的主要
功能是协调中国国内外各方力量、积极推进中东欧国家与中国的全

方位合作。

2013 年在中国提出"一带一路"倡议后，中东欧国家的反应相当积极，波兰率先加入亚投行，匈牙利等 7 国与中国签署了共建"一带一路"政府间谅解备忘录。在"一带一路"沿线 65 个国家中，中东欧 16 国约占 1/4，其积极参与对"一带一路"建设具有重要的战略意义。目前，"一带一路"建设与"16 + 1 合作"机制的战略对接正在稳步推进，中东欧国家与中国的全面合作不断扩大，一系列的合作成果前所未有。建立在资源禀赋优势互补基础上的贸易合作不断扩大，特别是 2014 年以来中欧班列的开通更是极大促进了中东欧国家与中国的贸易合作。

不仅如此，中东欧与中国合作的领域在不断扩大，特别是中国对中东欧直接投资发展较快，2013 年中国已经成为继美国、德国等发达国家后中东欧地区最大的投资国，投资领域从过去的通信与金融扩大至基础设施、能源、机械制造、高新技术及农业等领域，中国对中东欧地区的投资呈现多样化特征。[①] 而近些年，在"16 + 1"合作机制与"一带一路"建设的双合作框架下，中国与中东欧国家在基础设施、装备制造业等领域的合作日益增多，例如 2015 年中国企业承建了从塞尔维亚贝尔格莱德至匈牙利布达佩斯的匈塞铁路工程，全长 350 公里，成为中国—中东欧合作的标志性项目。通信、道路、运输等基础设施的建设与完善又将极大推动中东欧与中国的经贸合作。

中东欧国家加强与中国合作既有战略考量也是策略应对。中国作为世界第二大经济体，在未来世界经济和政治中的地位与影响促使中东欧国家势必将加强与中国合作作为长期战略；同时，欧盟内部经济社会发展的低潮也是倒逼中东欧国家将加强与中国合作作为

---

① 曲如晓、杨修：《"一带一路"战略下中国与中东欧国家经贸合作的机遇与挑战》，《国际贸易》2016 年第 6 期，第 29 ~ 30 页。

权宜之计。在具体经济合作方面，特别是在高投入的直接投资项目方面，中国应当对长期利益与短期效益、经济利益与战略利益权衡利弊、得失。尤为重要的是，中东欧国家作为小国，在选择发展道路和方向时，很大程度上要受到大国的左右，例如来自欧盟、美国的制约与影响，迫于安全和政治需要而牺牲经济利益也是意料之中的事，对俄罗斯经济制裁过程中的情形大致如此。这值得中国引以为戒。资源禀赋的优势互补并不意味着经贸合作的顺利进行，地缘政治、大国关系及世界经济的发展趋势与调整都将对中东欧国家与中国的经济政治合作产生影响。为此，需要更加深入、具体的跟踪性研究。

参考文献

一　中文文献（含译著译文）

（一）著作

1. 〔德〕阿尔弗雷德·席勒：《秩序理论与政治经济学》，史世伟译，山西经济出版社，2006。

2. 〔丹〕奥勒·诺格德：《经济制度与民主改革》，孙友晋译，上海世纪出版集团，2007。

3. 〔匈〕贝拉·格雷什科维奇：《抗议与忍耐的政治经济分析》，张大军译，广西师范大学出版社，2009。

4. 〔英〕蕾切尔·沃克：《震撼世界的六年——戈尔巴乔夫的改革怎么葬送了苏联》，张金鉴译，改革出版社，1999。

5. 〔美〕罗伯特·达尔：《论民主》，李柏光译，商务印书馆，1999。

6. 〔波〕格泽戈尔兹·W.科勒德克：《从休克到治疗——后社会主义转轨的政治经济》，刘晓勇、应春子等译，上海远东出版社，2000。

7. 〔美〕威廉·乌斯怀特、拉里·雷：《大转型的社会理论》，吕鹏等译，北京大学出版社，2011。

8. 陈之骅、吴恩远、马龙闪主编《苏联兴亡史纲》，中国社会科学出版社，2004。

9. 程伟：《计划经济国家体制转轨评论》，辽宁大学出版社，1999。

10. 程伟等：《经济全球化与经济转轨互动研究》，商务印书馆，2005。

11. 程伟主编、徐坡岭副主编《中东欧独联体国家转型比较研究》，经济科学出版社，2012。

12. 董海军：《转轨与国家制度能力——一种博弈论的分析》，上海人民出版社，2007。

13. 方桂关：《剧变中的东欧》，中共中央党校出版社，1992。

14. 冯舜华、杨哲英、徐坡岭等：《经济转轨的国际比较》，经济科学出版社，2001。

15. 何卫主编：《十年巨变：新东欧卷》，中共党史出版社，2004。

16. 〔美〕塞缪尔·亨廷顿：《第三波——20世纪后期民主化浪潮》，刘军宁译，上海三联书店，1998。

17. 洪银兴主编《转型经济学》，高等教育出版社，2008。

18. 吴光炳主编，张海年、高红贵副主编《转型经济学》，北京大学出版社，2008。

19. 胡伟主编《新权威主义政权的民主转型》，上海人民出版社，2006。

20. 樊纲：《渐进改革的政治经济学分析》，上海远东出版社，1996。

21. 吴敬琏：《激进与渐进：中国改革道路的选择》，经济科学出版社，1996。

22. 金雁、秦晖：《十年沧桑：东欧诸国的经济社会转轨与思想变迁》，上海三联书店，2004。

23. 〔美〕卡齐米耶日·波兹南斯基：《全球化的负面影响——东欧国家的民族资本被剥夺》，佟宪国译，经济管理出版社，

2004。

24. 孔寒冰：《东欧史》，上海人民出版社，2010。

25. 孔寒冰：《东欧政治与外交》，北京大学出版社，2009。

26. 孔田平：《东欧经济改革之路——经济转轨与制度变迁》，广东人民出版社，2003。

27. 刘亚军等：《东欧大地震》，四川人民出版社，1991。

28. 潘德礼主编《俄罗斯东欧中亚政治概论》，中国社会科学出版社，2008。

29. 〔比利时〕热若尔·罗兰：《转型与经济学》，张帆译，北京大学出版社，2002。

30. 〔美〕塞缪尔·亨廷顿：《文明的冲突与世界秩序的重建》，周琪等译，新华出版社，2002。

31. 沈志华主编《冷战时期苏联与东欧的关系》，北京大学出版社，2006。

32. 世界银行：《1996 年世界发展报告：从计划到市场》，中国财政经济出版社，1996。

33. 〔美〕思文、罗思高：《发展转型之路：中国与东欧的不同历程》，田士超译，章元校，北京大学出版社，2008。

34. 王正泉主编《剧变后的原苏联东欧国家（1989~1999）》，东方出版社，2001。

35. 薛君度、朱晓中：《转轨中的中东欧》，人民出版社，2002。

36. 〔匈〕雅诺什·科尔奈：《社会主义体制——共产主义政治经济学》，张安译，中央编译出版社，2006。

37. 〔波〕亚当·普沃斯基：《民主与市场：东欧与拉丁美洲的政治经济改革》，包雅钧、刘忠瑞、胡元梓译，北京大学出版社，2005。

38. 苑洁主编《后社会主义》，中央编译出版社，2007。

39. 张月明、姜琦：《政坛 10 年风云——俄罗斯与东欧国家政党研究》，上海社会科学院出版社，2005。

40. 朱晓中主编《十年巨变：中东欧卷》，中共党史出版社，2004。

41. 朱晓中：《中东欧与欧洲一体化》，社会科学文献出版社，2002。

42. 朱晓中：《转轨中的中东欧》，人民出版社，2002。

43. 朱晓中：《欧洲的分与合：中东欧与欧洲一体化》，中国社会科学出版社，2017。

44. 金雁：《从"东欧"到"新欧洲"——20年转轨再回首》，北京大学出版社，2011。

45. 〔美〕斯迪芬·海哥德、罗伯特·R.考夫曼：《民主化转型的政治经济学分析》，张大军译，社会科学文献出版社，2008。

46. 〔法〕弗朗索瓦·巴富瓦尔：《从"休克"到"重建"——东欧的社会转型与全球化—欧洲化》，陆象淦译，社会科学文献出版社，2010。

47. 〔美〕阿伦·利普哈特：《民主的模式：36个国家的政府形式和政府绩效》，陈崎译，北京大学出版社，2006。

48. 〔美〕达龙·阿塞莫格鲁、詹姆士·A.罗宾逊：《政治发展的经济分析——专制和民主的经济起源》，马春文等译，上海财经大学出版，2008。

49. 〔美〕约瑟夫·斯蒂格利茨：《社会主义向何处去——经济体制转型的理论与证据》，周立群等译，吉林人民出版社，2011。

50. 李宗禹等：《斯大林模式研究》，中央编译局出版社，1999。

51. 曾康霖、黄平：《中东欧转轨经济国家股票市场制度研究》，中国金融出版社，2006。

52. 〔匈〕玛利亚·乔纳蒂：《自我耗竭式演进：政党——国家体制的模型与验证》，李陈华、徐敏兰译，中央编译局出版社，2008。

53. 林军：《俄罗斯外交史稿》，世界知识出版社，2002。

54. 庄起善、吴玮丽：《为什么中东欧国家是全球金融危机的重灾区？》，《国际经济评论》2010年第2期。

55. 王瑜：《东欧共产党——倒下的多米诺骨牌》，红旗出版社，2005。

56. 殷红、王志远：《中东欧转型研究》，经济科学出版社，2013。

（二）论文

57. 〔德〕D. 波拉克，J. 雅各布斯，O. 米勒，G. 皮克尔：《后共产主义欧洲的政治文化》，《后社会主义》，苑洁编译，中央编译出版社，2007。

58. 〔瑞典〕埃里克·伯格洛夫：《前苏联与中东欧国家的经济和金融转轨》，《比较》2007年第29辑。

59. 〔奥地利〕迪特尔·塞格尔特：《中东欧国家政治经济同步转轨的困境》，《当代世界与社会主义》2009年第1期。

60. 〔法〕伯纳德·沙文斯、埃里克·马格宁：《后社会主义转型国家的发展道路》，《后社会主义》，中央编译出版社，2007。

61. 方雷、孙奇：《中东欧国家的政治转轨：以波匈捷为例》，《山东大学学报》2006年第1期。

62. 关雪凌、王晓静：《斯洛文尼亚率先进入欧元区的进程、原因与影响》，《俄罗斯中亚东欧研究》2007年第3期。

63. 冯绍雷：《苏东、南欧、拉美与东亚国家转型的比较研究》，《世界经济与政治》2004年第8期。

64. 〔匈〕福林多斯·捷尔吉：《论第二经济》，《国外社会科学情报》1983年第3期。

65. 丁纯、林熠星：《后欧债危机时期欧盟经济社会的表现、原因与前景》，《同济大学学报》（社会科学版）2016年第6期。

66. 孔寒冰：《对东欧、中欧和东南欧国家社会转型的考察和思索》,《当代世界社会主义问题》2010 年第 3 期。

67. 孔寒冰、项佐涛:《二十年东欧转型过程中的社会主义理论与实践》,《马克思理论与现实》2010 年第 5 期。

68. 高德平:《东欧国家 10 年政治体制转轨》,《东欧中亚研究》2001 年第 1 期。

69. 高歌:《试析东欧国家政治转轨中的外部因素》,《国际论坛》2000 年第 6 期。

70. 高歌:《东欧国家经济转轨与政治转轨关系》,《东欧中亚研究》2001 年第 4 期。

71. 高歌:《国内有关东欧国家政治转轨的研究综述》,《俄罗斯中亚东欧研究》2003 年第 1 期。

72. 高歌:《从制度巩固到观念巩固》,《俄罗斯中亚东欧研究》2006 年第 1 期。

73. 高歌:《浅析中东欧国家与俄罗斯的异质性》,《俄罗斯中亚东欧研究》2007 年第 5 期。

74. 高歌:《中东欧国家政治转轨的基本特点》,《当代世界与社会主义》2009 年第 1 期。

75. 王金红、黄振辉:《从政治发展到政治转型——当代民主化转型研究的范式转移》,《开放时代》2009 年第 7 期。

76. 翁笙和:《中东欧医疗改革的回顾及对中国启示》,《比较》2007 年第 32 辑。

77. 朱晓中:《转型九问——写在中东欧转型 20 年之际》,《俄罗斯中亚东欧研究》2009 年第 6 期。

78. 程伟、殷红:《俄罗斯产业结构演变研究》,《俄罗斯中亚东欧研究》2009 年第 1 期。

79. 项卫星、王达:《中东欧五国银行体系改革过程中的外资参与问题研究》,《国际金融研究》2005 年第 12 期。

80. 王志远:《欧盟新成员国的货币危机:理论与现实》,《俄罗斯中亚东欧市场》2009 年第 10 期。

81. 孔寒冰、项佐涛：《二十年东欧转型过程中的社会主义理论与实践》，《马克思理论与现实》2010 年第 5 期。

82. 龚方乐：《捷克、丹麦的货币政策与金融监管》，《浙江金融》2003 年第 5 期。

83. 姜琍：《中欧政治右倾化趋势及其面临的挑战》，《俄罗斯中亚东欧研究》2011 年第 1 期。

84. 王莉、樊春菊、李俊：《中东欧入盟与欧盟的变化》，《现代国际关系》2010 年第 11 期。

85. 朱晓中：《〈欧洲协定〉与东西欧经济关系》，《欧洲》1997 年第 2 期。

86. 朱晓中：《"回归欧洲"：历史与现实》，《东欧中亚研究》2001 年第 1 期。

87. 王健：《转型与经济增长——对中东欧国家（CEEC）的实证分析》，《世界经济研究》2006 年第 5 期。

88. 宋耀：《欧盟东扩对中东欧国家的负面影响分析》，《俄罗斯中亚东欧研究》2005 年第 1 期。

89. 邱芝：《论欧盟东扩与深化的动力基础》，《世界经济与政治论坛》2004 年第 4 期。

90. 张学昆：《欧盟的西巴尔干政策及西巴尔干国家的入盟前景》，《德国研究》2011 年第 1 期。

91. 孔田平：《论转轨与中东欧国家的赶超》，《经济研究参考》2004 年第 78 期。

92. 陈秀珍：《香港与内地经济一体化程度的量化评价》，《开放导报》2005 年第 4 期。

93. 陈秀珍：《香港与内地经济一体化的经济增长效应的计量研究》，《开放导报》2005 年第 5 期。

94. 陈秀珍：《CDI 香港与内地经济联系指数研究》，《开放导报》

2000 年第 1 期。

95. 孙景宇、张璐：《复苏与改革：中东欧尚未完结的转型之路——欧洲复兴开发银行 2010 年〈转型报告〉评述》，《俄罗斯中亚东欧研究》2012 年第 1 期。

96. 欧洲复兴开发银行（EBRD），欧盟（EU），国际货币基金组织（IMF），世界银行（WB）等机构和组织的网站。

97. 孔田平：《国际金融危机背景下对中东欧经济转轨问题的再思考》，《国际政治研究》2010 年第 4 期。

98. 彭刚、关雪凌：《欧盟新入盟成员国经济整合研究》，《经济理论与经济管理》2008 年第 8 期。

99. 崔宏伟、姚勤华：《中东欧国家加入欧盟进程：战略选择与政策调整》，《中欧中亚研究》2002 年第 2 期。

100. 孔田平：《试论国际金融危机对中东欧国家的影响》，《俄罗斯中亚东欧研究》2009 年第 4 期。

101. 葛西凉、沈腊梅：《欧盟的关税政策》，《经济资料译丛》2003 年第 1 期。

102. 朱晓中：《转型九问——写在中东欧转型 20 年之际》，《俄罗斯中亚东欧研究》2009 年第 6 期。

103. 胡荣花：《东扩对欧盟和中东欧国家的双重影响—期望差异的分析》，《世界经济研究》2002 年第 2 期。

104. 关雪凌、张晓静：《欧盟东扩进程中外国直接投资的流向分析》，《俄罗斯中亚东欧市场》2005 年第 1 期。

105. 崔宏伟、姚勤华：《中东欧新成员国加入欧盟进程：战略选择与政策调整》，《东欧中亚研究》2002 年第 2 期。

106. 宋耀：《欧盟东扩对中东欧新成员国的负面影响分析》，《俄罗斯中亚东欧研究》2005 年第 1 期。

107. 姜珊：《英国脱欧对欧盟和中东欧国家的政治影响》，《俄罗斯东欧中亚研究》2017 年第 5 期。

108. 曲如晓、杨修:《"一带一路"战略下中国与中东欧国家经贸合作的机遇与挑战》,《国际贸易》2016 年第 6 期。

109. 刘华:《"16 + 1 合作机制下中国与维谢格拉德集团关系研究"》,《当代世界与社会主义》2017 年第 3 期。

110. 戴炳然:《欧盟东扩的政治涵义》,《国际观察》2004 年第 2 期。

111. 叶江:《欧债危机对欧洲联盟深层次影响探析》,《国际展望》2014 年第 4 期。

112. 殷红:《民主化先行式转型——中东欧国家经济转轨 20 年的总结》,《辽宁大学学报》(社会科学版)2010 年第 3 期。

113. 殷红:《中东欧民主化与市场化转型特征分析》,《经济社会体制比较》2014 年第 1 期。

二 英文文献

114. IMD, "World Competitiveness Yearbook"; Rafael Lopez Pintor, Maria Gratschew and Kate Sullivan, "Voter Turnout Rates from a Comparative Perspective", 2008, http://www. idea. int/.

115. Xavier, Sala-i-Martin, "The Global Competitiveness Report 2009 – 2010", *World Economic Forum* 2009.

116. Corina Berica. Factors that Influence the Low Rate of Structural Funds Absorption in Romania. *The World Bank*, 2010.

117. 理查德·诺斯:《十年后的东欧:又一次大转型》,——*Journal of Democracy* Vol. 10, No. 1 (January 1999): 51 – 5 The John Hopkins University Press and the National Endowment for Democracy's International Forum for Democratic Studies.

118. Malgorzata Swatek. Transformation of Central and Eastern

European countries from the perspective of new institutional economics. – *Ekonomika*, 2008, No. 84. http：//www. leidykla. eu/fileadmin/Ekonomika/84/54 – 62. pdf.

119. Adam Przeworski and Fernando Limongi, Political Regimes and Economic growth. *Journal of Economic Perspectives – Volume*7, *Number* 3 *– Summer* .

120. Anders Åslund. *How Capitalism Was Built. The Transformation of Central and Eastern Europe*, *Russia*, *and Central Asia.* – Cambridge *University Press*, 2007. – Ch. 6. Privatization：the establishment of private property rights

121. Sharon L. Wolchik & Jane L. Curry (eds). *Central & East European Politics*：*From Communism to Democracy.* – *Rowman & Littlefield Publishers*, *Inc.* , 2008. – Ch. 3. Re-creating the market.

122. A. Aslund. *How Capitalism Was Built. The Transformation of Central and Eastern Europe*, *Russia*, *and Central Asia.* – *Cambridge University Press*, 2007. – Ch. 4. Liberalization：the creation of a market economy .

123. Mitchell A. Orenstein. What happened in East European (political) economies? *East European Politics and Societies.* Fall 2009. Vol. 23, No. 4.

124. Vladimir Popov. Shock therapy versus gradualism reconsidered：lessons from transition economies after 15 years of reforms. – *Comparative Economic Studies*, 2007, No. 49.

125. Elena Rakova. *Privatization experience of some CEE and CIS countries. Lessons for Belarus.* – ICEG European center. Working Paper Nr. 29.

126. Adam Przeworski and Fernando Limongi. Political regimes and economic growth. – *The Journal of Economic Perspectives.* Summer

1993, Vol. 7, No. 3.

127. Yi Feng. Democracy, stability and economic growth. – *British Journal of Political Science*. July 1997. – http：//www. jstor. org/ stable/194123

128. Linz J. , Stepan A. 1996. Problems of Democratic Transition and Consolidation. Southern Europe, South America, and Post-Communist Europe. Baltimore.

129. Jowitt, Ken. 1992. "The Leninist Legacy." In Eastern Europe in Revolution, ed. Ivo Banac, Ithaca and London; *Cornell University Press*.

130. Elster, Jon. 1993. "The Necessity and Impossibility of Simultancous Democracy, ed. Douglas Greenberg et al. , New York and Oxford： *Oxford University Press*.

131. Ost, David. 1992. "Labour and Democracy：Shaping Political Antagonisms in Post-Communism Society." In Markets, States, and Democracy： The Political Economy of Post-Communisst Transformation, ed. Beverly Crawford. Boulder, San Francisco, and London： Westview Press. Agh, Attila. 1994. "The Revial of Mixed Traditions： Democracy and Authoritarian Renewal in East-Central Europe." Paper presented at the Essex Conference on Democratic Modernisation in the Countries of East-Central Europe. University of Essex in Colchester.

132. Transition report 1999 – 2011. EBRD

133. Bela Balassa, The theory of economic integration, London, George Allen &Unwin ltd, 1962

134. Breuss Friz, Benefits and Dangers of EU Enlargement , Empirical, Kluwer Academic Publishers, Printed in the Netherlands, 2002, No. 9 (2).

135. Marian L. Tupy, EU Enlargement Costs, Benefits, and Strategies for Central and Eastern European Countries, *Policy Analysis*, September 18 2003. NO. 489.

136. Nicolaides. EU Structural Funds and it's Efficiency, 2003.

137. Richard E. Baldwin, Joseph F. Francois and Richard Portes, The costs and benefit of eastern enlargement: the impact on the EU and central Europe , EU ENLARGEMENT, 1997

138. Tomas Dvorak, Chris R. A. Geiregat, Are the new and old EU countries financially integrated? . 2005

139. Fritz Breuss, Macroeconomic Effects of EU Enlargement for Old and New Members, WIFO Working Papers, March 2001. No. 143.

140. Peter Havlik, EU Enlargement: Economic Impacts on Austria, the Czech Republic, Hungary, Poland, Slovakia and Slovenia, Vienna, July 2002.

141. Harald Badinger, Growth Effects of Economic Integration – the Case of the EU Member States , 2001 – 12

142. Yin-Wong Cheung, Menzie D Chinn, Eiji Fujii, China, HongKong and Taiwan: A Quantitative Assessment of Real and Financial Integration, 2003 – 01

143. Yun-Wing Sung, Hong Kong's Economic Integration with the Pearl River Delta: Quantifying the Benefits and Costs, 2004 – 02 – 16

三 俄文文献

144. Европейскийбанкреконструкциииразвития , *ПроцесспереходаипоказателистранСНГ* （ извлечениеизДокладаопроцессепереходаза

2003 год）, *ПроцесспереходаипоказателистранСНГиМонголии* （*извелечениеизДокладаопроцессеперехода за 2008 год.* http：// www. ebrd. com.

145. Европейский банк реконструкции и развития, *Процесс перехода и показатели стран СНГ и Монголии 2003*, www. ebrd. com.

146. Европейский банк реконструкции и развития, *Процесс перехода и показатели стран СНГ и Монголии 2008*, www. ebrd. com.

147. Кудров, В, М, Опыт зарубежной модернизации. Центральная и Восточная Европа：десять лет перемен, *Общественная наука и современность*, № 1, 2001.

148. Кудров, В, Рыночная трансформация в странах центрально-восточной Европы： к оценке накопленного опыта. *Общество и экономика*, № 5, 2006.

149. Кара-Мурза, С, Г, *Революции на экспорт*, глава 8 «Бархатные революции в странах Восточной Европы в 1989 г», Издательство Алгоритм , 2006.

150. Липский, А, Е, Послевоенные политические режимы стран Восточной Европы имеют собственные корни, Советсткий союз и страны Восточной Европы： эволюция и крушение политических режимов （середина 40 – х – конец 80 – х гг. в. , материалы круглого стола, *История СССР*, № 1, 1991.

151. Лельчук, В, С, Все социалистические системы за пределами СССР - результат циничного вмешательства Сталина, Советсткий союз и страны Восточной Европы： эволюция и крушение политических режимов （середина 40 – х – конец 80 – х гг. в. , материалы круглого стола, *История СССР*, № 1, 1991.

152. Новопашин, Ю, С, Главная опора послевоенных режимов

Восточной Европы - вера широких слоёв общества в возможность социализма, Советсткий союз и страны Восточной Европы: эволюция и крушение политических режимов (середина 40 – х – конец 80 – х гг. в. , материалы круглого стола, *История СССР*, № 1, 1991.

153. Межгосударственный статистический комитет Содружества Независимых Государств, *Статистика СНГ*, *Статистический бюллетень 2002 – 2009*, http://dlib. estview. com/

154. Федеральная служба государственной статистики, *Россия и страны-члены вропейского Союза 2003 – 2009*, http://dlib. estview. com/

155. Федеральная служба государственной статистики, *Россия и страны мира 2008*, http://dlib. estview. com/

156. Ципко, А, С, Коммунистическая идеология в Восточной Европе распространилась лишь за счёт силового вмешательства Советского Союза, Советсткий союз и страны Восточной Европы: эволюция и крушение политических режимов (середина 40 – х – конец 80 – х гг. в. , материалы круглого стола, *История СССР*, № 1, 1991 г.

157. Чаба, Л, Венгрия на рубеже веков: итоги трансформациии перспективы вступления в ЕС, *Вопросы экономики*, № 6, 2000.

158. Р. С. Гринберг, Н. И. Бухарин, И. И. Орлик, Б. А. Шмелев. Мир на пороге тысячилетия. Десять лет системной трансформации в странах ЦВЕ и в России: итоги и уроки. *Мировая экономика и международные отношения*, 2000 (5).

159. П. Е. Кандель. Революции 1989 года в странах Центральной и Юго-Восточной Европы. Взгляд через десятилетие. *Новая и*

новейшая история （005）.

160. Российский статистический ежегодник 2000 – 2011 гг.

161. А. В. Дрыночкин. Опыт членства в ЕС стран Восточной Европы. *Международная экономика* № 5 – 6/2017.

162. Отв. ред. И. И. Орлик, Основные тенденции во взаимоотношениях России и стран Центрально-Восточной Европы. Российская Академия наук, Институт экономики. Москва, 2015, ст. 22.

163. Синицина. И. От социализма к демократии: некоторые вопросы новейшей истории Польши. *Мир перемен*, 2014, № 2. С. 62.

四　统计年鉴及主要网站

164. http：//www. stats. gov. cn/

165. http：//www. ebrd. com/

166. http：//dlib. estview. com/

167. http：//www. nber. org

168. http：//gks. ru

169. www. ukmin. lt

170. http：//www. euro. lt

171. http：//ec. europa. eu

图书在版编目（CIP）数据

入盟与中东欧国家政治经济转型／殷红等著. －－北京：
社会科学文献出版社，2018.5
　（转型国家经济政治丛书）
　ISBN 978 - 7 - 5201 - 2580 - 2

　Ⅰ.①入…　Ⅱ.①殷…　Ⅲ.①转型经济 - 研究 - 欧洲
②政治体制改革 - 研究 - 欧洲　Ⅳ.①F150.1②D750.21

　中国版本图书馆 CIP 数据核字（2018）第 073914 号

转型国家经济政治丛书

入盟与中东欧国家政治经济转型

著　　者／殷　红 等

出 版 人／谢寿光
项目统筹／周　丽　高　雁
责任编辑／王玉山

出　　版／社会科学文献出版社·经济与管理分社（010）59367226
　　　　　地址：北京市北三环中路甲 29 号院华龙大厦　邮编：100029
　　　　　网址：www. ssap. com. cn
发　　行／市场营销中心（010）59367081　59367018
印　　装／三河市龙林印务有限公司

规　　格／开　本：787mm × 1092mm　1/16
　　　　　印　张：14.5　字　数：201 千字
版　　次／2018 年 5 月第 1 版　2018 年 5 月第 1 次印刷
书　　号／ISBN 978 - 7 - 5201 - 2580 - 2
定　　价／75.00 元